激活

点燃企业活力的能量八原则

Fuel Your Business

［美］吉娜·索莱尔（Gina Soleil）◎著

王蔚◎译

中国 友谊出版公司

图书在版编目（ＣＩＰ）数据

激活 / （美）吉娜·索莱尔著；王蔚译. -- 北京：中国友谊出版公司, 2018.12

ISBN 978-7-5057-4471-4

Ⅰ.①激… Ⅱ.①吉… ②王… Ⅲ.①企业管理—经验 Ⅳ.①F272

中国版本图书馆 CIP 数据核字(2018)第 183489 号

著作权合同登记号　图字：01-2018-5839

Fuel Your Business Ⓒ 2014 by Gina Soleil.
Original English language edition published by
The Career Press, Inc.,12 Parish Drive, Wayne, NJ07470, USA.
All rights reserved.
Simplified Chinese rights arranged through CA-LINK International LLC.
(www.ca-link.com)

书名	激活
作者	［美］吉娜·索莱尔
译者	王　蔚
出版	中国友谊出版公司
发行	中国友谊出版公司
经销	新华书店
印刷	天津中印联印务有限公司
规格	710×1000 毫米　16 开
	13 印张　152 千字
版次	2018 年 12 月第 1 版
印次	2018 年 12 月第 1 次印刷
书号	ISBN 978-7-5057-4471-4
定价	52.00 元
地址	北京市朝阳区西坝河南里 17 号楼
邮编	100028
电话	(010)64668676

《激活》赞誉

阅读此书仿佛像坐下来与一位充满活力的人进行深刻地交谈。吉娜·索莱尔以她深刻而全面的方式，让你明白商业不是冰冷的事物，而是像人类一样有生命、能呼吸的生物，需要你用心地培养。商业领导者若能摒弃旧思想并采用以人为中心的方法，我们便将见证商业文化的转型。

——詹姆斯·马修森，网络医疗公司总裁兼合伙人

个人转型和组织转型之间的关系常被忽视，索莱尔更深层次地分析了管理的真理，即何为真正的领导力。商界人士的生活中充满着黑白这样的冷色调，而本书却捕捉到不一样的鲜活色彩。在本书中，索莱尔让商业焕发出独特的活力。她告诉我们，商业上的工具和器械也能像人一样为我们提供帮助。

——克尔伯纳多，工商管理教授，明尼苏达圣玛丽大学

吉娜·索莱尔带着对人类力量的完美解读持续前行。她意识到我们体内力量的释放会给我们周围的一切带来影响。她在本书中，为个人与工作之间的鸿沟搭建连接的桥梁。她指导我们：企业是带有"个人化"标签的，要想取得成功，我们就需要重新看待二者的关系。

——艾米·丽霍尔，"直觉身体"创始人

生活中遇到动机强烈的人实属难能可贵，他们的目标之明确宛如正午烈日，实现目标的动力亦十分强烈，可谓"野马难阻"；吉娜·索莱尔正是这样的人。作为她的同事和朋友，我发现，索莱尔在其事业上和个人生活中都竭力做到更好。关于这一点，她不仅在本书中阐述了方法原则，而且她在生活中也付诸实践！企业已经发生改变，时代已经改变，吉娜·索莱尔则写了关于如何经营商业的新规则手册。

——杰森·托马斯，RBA 咨询公司高级网页开发人员

本书是工作与潜力的结合，让人期待已久。在这本独具魅力的书中，她分享了如何利用经营原则来激发人的活力，以及提升企业效益。

——朱莉安娜·肯恩，Next Step Consulting 创始人

前 言

经营八原则

> 世间万物皆为能量。只有和你想要的状态同频共振，你才能达到这种状态，别无他法。首先声明，这是物理学，不是哲学。
>
> ——阿尔伯特·爱因斯坦

    自从认识到人所具备的潜能，以及它所能带来的影响，我的生活发生了翻天覆地的改变。它指引我在这世上无畏向前，同时不失初心，也让我的事业发展更好。掌握人类潜能的原则具有颠覆性的意义，它打开了探索、发现的大门，让你有前所未有的体验，同时推动自己和事业进入新的天地——给予人们迫切需要的潜能，促进实际行动，让商业利润大幅度提升。

    这本书是根据这些年来我对人类潜能的研究，以及我个人的商业经验和生活经历所写的，而且主要是为领导者和想要成为优质领导者的人们而写。他们懂得人是拓展业务的发动机，愿意接受有关能力、行动及利润驱动的新原则和新的研究成果。本书将引导读者开启一段全新的征程。在这个过程中，你会审视自己的业务，走进员工内心，并让你知道，怎样去发掘我们这个时代最重要的资源——人的潜能。同时，这本书将引导你通过创造一种全新的企业文化，充分激发人的正面潜能，使公司绩效大幅提升。

引言：旅程开始

引言部分将介绍人类能量危机，并解释当今世界人们为何如此筋疲力尽、缺乏能量。此外，引言还将介绍整本书的框架——公司潜能系统和经营八原则。

原则一：激活领导潜能

第一章揭露了造成领导失效背后的原因。领导能力是企业运转的核心要素，本章包含不良领导力测试，你可以通过测试看看你的公司是否正在遭受不健康能量的摧残。本章还包括了有具体步骤的领导力发展计划，帮助企业重启健康能量，切实取得改善。

原则二：激活愿景潜能

第二章讲述如何设立合理且富有吸引力的企业愿景。你将学会创造"目标蓝图"，并用你的蓝图激励人们采取有益行动，从无名小卒扶摇直上，做到 CEO。

原则三：激活沟通潜能

第三章讲述如何推动企业向前发展，获取长远利益。你将学到鼓励和激励的沟通技巧，以及避免走进那些使公司失去动力、偏离公司战略的雷区。

原则四：激活目标潜能

第四章有关个人目标的设定，以及给如何为那些有理想的人创造机会，同时推动公司向前发展。你将学到如何利用个人目标促进公司发展。

原则五：激活关爱潜能

关爱是企业文化的核心。第五章强调了企业关爱社会、关爱员工的重要性，你将学到如何运用关爱来赢得真正的忠诚和信任。

原则六：激活自主潜能

良好的自主性激励人们推动公司发展。第六章强调了个人能力、界限，以及如何将你的公司环境"打造成生产力的天堂"。

原则七：激活连接潜能

我们都是靠能量进行彼此连接的一个整体，第七章强调了如何以人为本，在"不作恶"的人生观指导下经商，把负能量爆表的公司环境转变为积极正面的公司环境。

原则八：激活责任潜能

要为公司发展持续提供动力，唯一的方法就是改善人类的健康和幸福感。第八章强调了集体责任、集体力量、内部和外部社会责任的概念。你将知道怎样通过满足个体的基本需求，为公司发展提供动力。

结束语：给世界的一封信

本书以"给世界的一封信"结尾，鼓励、激励每一位读者将经营八原则一一运用到自己的企业中。

附录：潜能测试

在书后附有一份潜能测试，你可以测一下你的公司的能量水平。它的能量是不良还是健康呢？你现在该怎么做才能得到你想要的结果？做这个测试，你就能知道下一步该做什么。

让我们开始吧！通过阅读本书，你将学会如何利用好自己的潜能，这不仅是为你自己，也为那些与你的业务相关联的各类人。你也将学到怎样去打造强有力的企业文化，激励员工，采取行动，将潜能思维应用到企业的日常运行中。

在这世上所有行动都会产生一定的结果，我希望你能用这本书里的知识真正从内部改变你的公司，并服务整个社会。我的朋友们，让我们开始吧。

目　录

引 言

旅程开始

带着一杯咖啡、一部智能手机（有时是两个）、一串钥匙、一个手提包，迈克尔走进了我的办公室。他看起来疲惫不堪，在椅子上叹了口气，然后说起他每一天的情况。每天早上走进办公室时他都想着：又要开始忙碌了——8 个会议，7 封重要邮件……完全没有喘气的时间。一个接一个的任务让他感到筋疲力尽，能量的枯竭影响到他的专注度、动力和自信心。雪上加霜的是，每天工作 14 小时让人难以忍受。每次穿过办公室重重的隔断门，迈克尔对工作的热情都在一点点消磨，而且，他的业绩不断下滑。

迈克尔的形象代表了现代企业中的大部分人。**"筋疲力尽"是一种快速增长的趋势，我们称之为人类能量危机**。从联合国到常春藤联盟，人类能量变成了讨论和研究的热门话题。这种危机影响我们的人际关系、我们的身体，影响我们对这个世界的认知。这种危机就像白蚁寻找它们的下一个蚁穴一样，入侵我们的公司。人们不再像以前那样有精力，不再投入，不再那样多产高效、富有创造力。还谈什么发展呢？人都已耗尽精力了。

那么，是什么导致了能量危机？我们来看一看：世界由于技术的发展而变得互联互通，很多东西仿佛只要一插上插头就可以运转，可是恰恰相反，我们并没有因为这样而主导自己的生活。事实上，在这个能够随时随地可获得满足的时代，那些让我们成瘾的信息，极大地攫取了我们的时间和精力。我们对休息的需求变得越来越强烈，当 5 封电子邮件瞬间粉碎了我们下个月想要休息的希望时，我们拼命地想喘口气。我们还有来自社会的压力：我们需要送孩子参加一场接一场的活动，修得多个学位，买更大、更多、更好的东西向世界证明我们过得怎么样。此外，还有我们所说的"关系"。我们都成了做表面功夫的专家，必须让自己的人际关系处在"安全""平稳"的状态中，因为我们精疲力竭而不能再"折腾"了。如果不处在一种关系中，我们就继续在网上执着地寻找满足。令人惊叹的是，所有这些都发生在一天之内！所以，这就不难理解为什么人们会面临能量危机了。

每当我们走进办公室，一场比赛就开始了。我们在与疲惫作战，我们必须强迫自己去适应——遵守职场规则，遵循不明言、不成文的文化规范，参与讨论、说话得体、不犯错误。除此之外，我没提到的困难还包括：自尊心受挫，所处环境的复杂性，和自己不喜欢的人共事，领导力失效。我们花时间思考"如何从生活中获得更多"。但为了保险起见，我们原位不动，被所谓的"金手铐"所桎梏，而事实是因为太过疲惫而不能做出改变。这也并不奇怪，在经历一天的工作后我们都很疲惫。

在人们开始工作时，公司要求他们敬业一点："更多精力投入，更敬业，更高效，更具创造性和战略性"。但员工往往无动于衷，然后公司会问员工："你为什么不参与进来？你为什么不听？为什么不行动？该死，我们有必须执行的战略计划！"实际上，你的员工都疲惫了，他们没有更多的精力贡献了。

现今的公司，能量危机滋生了自我怀疑，阻碍了专注度，让人们完成不好任务，扼杀了创意，赶走了宽容之心，也把医疗费用推向天价。仅在美国，治疗工作压力导致的疾病就花费了 3000 亿美元的医疗费（美国压力协会数据），另外，肥胖花费了 1920 亿美元（美国健康信托机构数据），还有包括心脏病、糖尿病、中风等的慢性病，花费增加了 6160 亿美元（"网络医生"数据）。人们疲惫，然后生病，最后死亡。这不是危言耸听，这是现实（我应该提醒你，我说话不会花言巧语绕弯子，我会有一说一）。我们每个人每天工作时都会背负前行的包袱。如果你有公司，无论是大是小，这个现实都是你最大的威胁。如果你的公司不是这样，那就恭喜你了。但残酷的是在今天的商业时代，99% 的公司都是如此。这种能量危机导致了决策失误、离职率上升和利润下滑等各种现象。公司决策层为此将数千甚至数百万的钱投入到提高参与度和提升管理战略上，以期恢复和助力业绩提高，却发现结果大都是一样的：为公司战略投入巨额资金并不奏效。

其实不用太悲观，我来告诉你一个解决问题的方法。如果你能让你的员工重获他们所急需的能量，那你的公司将重新注入活力，以 10 倍的效率运转。这并不困难——因为人的潜能是无限的。按照爱因斯坦的理论，世间万物皆为能量。只要和你想要的状态同频共振，就能获取源源不断的能量。

让我把这一话题说得更清楚点：我不是说吃得更好，睡得更多，或者在自己的日程安排里再增加一些必须要做的事。是的，对于一个健康的人来说，这些东西都是重要的。但是当我强调人的能量时，我强调的是从你身体散发出的、能影响你和这个世界的潜力。我们都有这样的经验：每个人都带有一种独特的气场，有的人能"镇住整个场子"，有的人能"温暖一屋子的人"。虽然这种气场你闻不到也看不到，但它无处不在，而且能唤起人厌恶或高兴的情绪和想法。我们可以把个人能量比作大蒜，大蒜是一种具有浓烈气味的食材，它的味道充满屋子。有人喜欢，有人讨厌，要么朝你靠近，要么恨不得能马上远离你。

这里有一个例子说明，日常生活中的不健康能量是什么样的。想想那些你认识的人，出于一些原因，当他走向你时你就想跑远。这种人，当你在他周围时，你会感觉自己被黏住了一样。他的出现让你感到窒息，筋疲力尽。似乎这种人就是有这样的能力，能将他此刻想到或者感受到的负面情绪倾倒在你头上，直到你着急想摆脱这些情绪。啊！你们当中的一些人可能会想到自己的妈妈（妈妈，我开个玩笑），或者你项目组可怕的同事。但是还有一个残酷的情况，对于某些人来说，你就是那个负能量爆表的人！实际上，如果你也筋疲力尽，被破坏性的想法或者情绪所掌控的话，那你带给别人的能量就是负面的，这些负能量也在破坏你自己的世界里的一切。

科学已经证明了能量在我们体内也在我们周围，惊人的技术进步已经赋予我们用身体测量这些能量的能力，ECG(心电图) 能测量从心脏流通的能量流，EEG(脑电图) 测量大脑的能量流，测谎仪测量皮肤的能量流，SQUID(超导量子干涉仪) 测量身体周围的能量场，这种设备甚至不用接触被测量者。人类还研究出了"蝴蝶效应"：由一个想法、一个词或者一个动作产生的能量频率能够造成大洋彼岸的一场自然灾害。我们当中有多少人每天醒来时说："我得时刻警醒自己的思想，因为我不想给印度尼西亚带来一场海啸。"但根据科学原理，这的的确确是会发生的。很明显的是，我们的想法能造成我们生活里的一场海啸。

这个世界上的每一件事物都是由能量连接的。对于喜欢用比喻说话的人来说，这就像一潭水一样：你的企业就像流动的河流，企业里的每个人都是一个水分子，他们构成了水的整体。每个人的想法、话语、行动和情绪都能改变河流中水分子的结构。现在，如果有一群聪明有才、尽职靠谱且活力四射的人为你工作，那就太棒了。如果你用的人不是这样，那你的企业就像大多数企业一样，雇佣普通的员工为你疲惫卖命。而这可能让企业遇到许多发展瓶颈。如果你想提升利润，提高企业效率和士气的话，你就得先找到方法，让企业里的每个人都拥有健康的能量。这和你的流程、系统和管理结构是否紧凑都没关系，如果你的河流里汇入了有害的人类能量，员工就失去取得业绩的能量，你也无法取得任何效果。

我知道你买这本书不是为了获得有关相对论和蝴蝶效应的知识，而是想知道怎么带动你的企业，怎么让人们充满活力、敏于行动、提升利润。你希望你的生意能做到更高水平——做得更多，赚得更多。快让我们来看看"Business"这个词。

"Business"一词意指"企业"，通常会被用于政治、私营和公办等领域。我用企业来形容任何一个以营利为目的的机构。利润就是钱，是企业生存和员工发展必须依赖的东西。如果你正在读这本书，说明你想要更多的利润；如果你想要更多的利润的话，你的最佳选择就是潜能科学。商业就是科学。事实上，你的企业就是一个巨大的培养皿，在这个培养皿中，一切都遵循着因果规律和潜能规律。你通过改变流程、引进项目、发动员工、配置人员、发明新产品来完成每天的业绩实验——所有的科学实验都是为了证明你如何挣钱的假设。

读到这里我相信你已经能接受这样的观点了，我们都是由能量组成的，我们也被能量互相联通，人类能量可以创造利润，也可以使利润损失。事实上，你是一个聪明人，你也听从现代科学的结论，认为这一套理论"有点道理"，我把这个步骤称作"了解"阶段。但是有一点很疯狂：在进入企业的那一分钟，我们习惯性地卷入各种琐碎事务而忘记了科学的理论。我们就像踏入了时光机，开始像艾萨克·牛顿一样思考——每一样东西都是固定的、独立的、分裂的。坦率地说，我们居然能完成任务或者获得利润也是挺神奇的。我们会以为人就是巨型机器里的齿轮。我们召开战略会议，讨论人力资源规划，建立沟通的平台。哇哦，很长一串动作！我们很骄傲自己能做 PPT 陈述，参加机密会议，实施复杂的人才开发体系，让员工按我们认为能产生结果的方法去做事。甚至构建企业文化的方法都是系统的："让我们聚齐一帮领导者，教他们怎么说这个、做那个，做那个、说这个。"但是，你会发现这些大动作并没有起到想象中的作用，它依旧问题重重。此时，我们就像走进了一个死胡同。你需要做的就是转身，去看看是什么在推动着这一切——活生生的人，而非硬邦邦的齿轮。

　　说得更清楚些，我并不是说要摒弃企业前进所需的必要组织和程序，而是今天的企业正经受一系列严重的困难，这都是因为人们疏忽了最重要的资源：人的能量。你问问自己，上次花无数时间准备专题或项目却毫无进展是什么时候？是疲惫约束了我们做深思熟虑的决定的能力。我们都由着性子并习以为常："就这样做吧，因为一直以来都是这样做的，我们太累了，没有精力改变，也无力改变约定俗成的文化习惯。"如果企业能从里到外的让员工元气满满的话，毫无疑问这家企业会变得更高效，花费更少，也会挣到更多的钱。单纯为了程序而履行程序不会带来财富的积累。如果人们都没有精力去做好过程的话，你所拥有的只是一堆写在纸上的空话和标语，这会带来挫折、失望和信任缺失。这种情况听起来是不是很普遍？

　　现在让我们回头看看科学。回想一下基本原则：我们都是相关联的，我们的想法和情绪所创造的能量对我们的企业和生活都有很大的影响力。所以，为你的企业注入潜能，就不得不强调是想法和情绪在驱动你的企业。员工驱动企业发展，而企业员工的情绪和想法驱动他们的每一个行为，而每一个行为又会带来相应的后果。如果这样会让你觉得这种说法太过感性，就你在做某事时不带任何想法和情绪，也不曾有任何情绪和想法贯穿你的身体。如果你是人，这绝对不可能。即便仅仅是"存在"，也是一种情绪认知状态，是你对身边当下所发生事物的感知。想法和情绪推动着我们现实生活的方方面面。企业经营所需的每句话和所做的每个行动都是由人的想法、情绪及能量所驱动的。你不能把员工当成齿轮来给企业内部创造健康的想法和情绪。别开那些无用的研讨会了，必须解决每个管理经营领导者能量缺乏的问题！只有不断更新员工能量，你的企业才能犹如源头活水一般不断涌出价值和财富。通过本书，你能学会怎样搭建一个这样的能量生态系统。

经营八原则

准备好迎接崭新的未来了吗？我们现在开始"跳伞"了！抓好你的降落伞，我将带领你在刺激好玩的状态下体验的新思想之美——为企业提供潜能并创造一个健康高效的生态系统。企业就像一个人一样，你的企业、你的业务也在经受人类能量危机，也需要注入新的潜能才能自如运行。神奇的是，企业有自己的内部潜能中心。和个人类似，企业也会因为负面情绪和思想的肆虐而受到阻碍、变坏或者停滞不前。清理企业的负能量，让健康的能量在企业里流通，你就自然能够让员工充满活力，激励他们的行动，从而提升利润。

为了完成这一目标，你的企业必须变成一个有效的能量生态系统，它依靠我称为"经营八原则"的规律运行，这八个原则和企业的潜能系统高度统一。在接下来的内容中，我会一步一步地教你构建自己的潜能系统，最终学会如何运用这八大原则，得到自己想要的潜能、行动和利润。

原则一：激活领导潜能

领导者能量是否充沛是激发员工潜能及提升利润的关键。身居企业顶层，领导能量渗透到企业的方方面面，而且至关重要。其创造出的环境要么提供高产能量，要么让人精力耗尽。

原则二：激活愿景潜能

愿景和目标给予企业内部员工前进的指导和智慧。作为企业的发展蓝图，愿景和目标为实现抱负创造了清晰思路和重点。

原则三：激活沟通潜能

沟通在沉默和行动之间起到一种微妙的平衡作用，它主导着思想的传递和命令的下达，是企业传递责任感和做出明确决策的潜能中心。

原则四：激活目标潜能

"我想张开双臂自由飞翔，超越自己，这才像真正地活着。"这是原则四里的关键。为员工创造机会超越他们的目标，他们就会更加投入工作。

原则五：激活关爱潜能

企业需要不断地给予关爱。正确的商业态度充满了关怀、信任和自由。当企业有了内外力量的支持，就可以所向披靡。

原则六：激活自主潜能

改变和增长都是由自主性所推动的。健康的文化和审美环境也会增加个体自信、领悟力和常识。作为企业源源不断的推动力，我们需要给予员工权限、保护和自由，从而带领企业向前发展。

原则七：激活连接潜能

我们都是互相连接的个体。我们能感知自己周围的状况，结果会对自己造成激励或是耗损。作为企业的纽带，它是情绪和关系的源泉，而企业透明度驱动了这个潜能中心。

原则八：激活责任潜能

改善人类健康和福祉是实现企业能量持续供给的唯一方法。企业的责任就是满足人们的基本需求，保障人身安全和社会安全。

这就是改变的开始，也是企业赚取更高利润的开始。现在我们需要做的只是将其应用到企业的实践之中。我希望你作为一个企业领导者、专家及改革推动者，能把这本书当成你的个人顾问。然后借此去创造一个企业，一个能把人的潜能、价值完全激活的企业。我也希望你广开心智，接受书中所提供的方法，去创造一个更健康、更高效的企业。同时，拿着"经营八原则"这个指挥棒，指挥你的企业一路向前，减轻负能量，提振正能量，从而创造出更大的社会价值，同时享受由此带来的巨大回报！开始旅程吧！

原则一：

激活领导潜能

经常听到有人称自己的生活坎坷不断，但我还从未见过敢称自己生活总是一帆风顺的人。电视剧《脱线家族》（*The Brady Bunch*）上那样总能化"危机"为"笑料"的家庭真的存在吗？好吧，其实他们也有许多有心无力的时候。电视真人秀节目的涌现为人们打开了全新的视角，让那些问题人物的行为表现被一览无余。从我们所喜爱的节目中，我们可以看到自己的种种问题。一旦这种消极的能量渗透到我们的生活中，事情就一点也不好笑了。它会榨干我们的每一分元气，消耗尽我们所有的能量。再往深处想，如果这些有心无力者恰好就是掌控我们职场生活的上司，无疑我们就遭殃了。反过来说，如果我们的上司能激励下属，品德良好，那么，他将是公司的"小太阳"。要想保持企业的良好运转并不容易，因为这需要企业里的每一个人都保持足够良好的状态。

要让员工充满活力、干劲十足，最好的方法就是培养具有能力的领导，他必须具备一个重要的特质——那就是将积极的能量带到企业。瞧，这不是一切问题都解决了吗？可是说来容易做起来难，领导"不给力"是一种遍及全球的通病，这也是把提升领导能量作为原则一的原因。如果企业希望能成功给员工补充能量、制造利润，那就必须将领导的活力与健康放在企业发展的首要位置，同时将那些无法带来正面效果的领导行为转换成由高品德价值标准引导的有效领导。这并不是说只有有力和不力两种鲜明的情况，领导所做的每一小步都直接影响到企业能否获取正能量。

KRW 国际是一家致力于领导力和团队培训的公司，2013 年 1 月，其联合创始人福瑞德·科尔（Fred Kiel）在一场 TED 演讲中展示了他的调查研究。研究的结果证明了品德对领导的重要性，品德良好的领导获得的资产回报率和员工敬业度是品德不好领导的 3 倍之多。研究指出，品德好的领导具有极其正直、有责任心、宽容大度、有同情心等特质。

科尔的研究长达 6 年，总共研究了 100 家财富 500 强企业及 1000 家美国企业的执行总裁，采集员工样本超过 8000 份，海量的数据得出的结果有充足的说服力。企业家们，别再沉睡了！现在的问题不再是"品德重要吗？"而是"我们如何让良好的品德影响自己的企业？"此外，研究还提供了一个重要的信息：品德可以学习。

再来看一项研究，2010 年 6 月，布林·布朗（Brene Brown）展示了她对"软弱感"的研究发现。她的研究持续 6 年，收集了几千份来自世界各地的调查问卷。研究得出结论，敢于承认自己的软弱是一个人能持久感知快乐、爱并相信"我是一个有价值的人"的唯一途径。研究中，敢于承认软弱的表现，愿意去做某件没有结果保证的事情，勇于接受缺憾，能够善待自身，相信自己的软弱和无力都是为了成就最美的自己。

布朗指出，如今我们的社会所缺失的是承认软弱的能力，对于整个社会而言，承认软弱也是一大困难，今天的美国被贴上了负债累累、人口肥胖、药物滥用、嗜瘾成灾的标签，四处充斥着羞愧和担忧的气息。为了逃避羞愧和恐惧，我们自欺欺人。我们佯装那些不确定的事不存在，不敢忠于自己，似乎要通过征服才能证明自己的存在。实际上，人性的本质就是软弱的，需要彼此依赖，正因为如此大家才走到一起。

因此，科尔对领导品德的研究和布朗关于软弱的研究便存在着内在联系，那为何两项研究结论都对原则一如此重要呢？企业拥有健康的能量生态系统的唯一办法便是拥有高品德的领导坐镇。没错，领导品德可以教授，但如果不相信人的潜能，便学习不到品德的精髓。作为领导，如果不愿意承认自己的软弱，不愿意承认自己还有可提升的空间，就会一直处于领导力不足的状态，无法带领企业走向成功。而且，真实数据表明：品德好的领导的的确确能带来效益，其投资回报率是品德不好的领导的 3 倍。你认为员工会为谁卖命呢？投资者会青睐谁来经营企业呢？什么样的领导能激励员工敢于行动、创造利润及推动社会发展呢？答案显而易见！

前文曾提到，我们的能量是相互连通的。企业里，每个人都被别人因情绪和思维产生的能量影响着，如果企业里的能量是负面的，那企业就像发生了瘟疫一样，每个人都会感到疲乏不堪、怠惰懒散、负荷超载及消极麻木。随着情势恶化，即使是竭尽全力想将积极健康的能量注入企业的人也被负面能量所影响。结果就是，那些觉察到负能量并追求健康氛围的员工就会离开企业，转而去追求更好的环境。时间一长，在整个被负面能量感染的企业里，剩下的员工都将披上担忧和羞愧的隔离外衣。脱离品德和软弱这两个要素，人们会越来越不认同"人是运作的核心"，变得麻木冰冷。贪婪、自私、推诿和斗争如野草一般肆意滋长，企业要么被迫进行深刻的变革，要么就分崩离析。在科尔的研究中，对于由品德不好的领导经营的企业，分崩离析都是常见结果。

还有一种情况：为企业认真效力的员工会主动将权力交给领导。"权力交付"跟人的倾向有很大的关系，这个倾向支配着我们对物质、保险和安全感的基本需求。在一个有着健康能量的环境下，领导深知有责任照顾别人，修炼品德，愿意倾听，这对企业的发展极为重要。我们都跟着散发出正能量的领导做过事，这些领导是良师益友，他们激励员工，带领企业取得长足发展，每个人都想在他们手下办事。但是如果企业里滋生了不健康的领导力能量，即使把权力交给了这样的领导，也只会对每个参与其中的人带来害处。给不具备充分能力的领导者更多的权力会让企业感染慢性能量疾病，害人害己。

有领导者告诉我说："情况尽在我们的掌控之中，高层领导已经有很好的企业文化改进方案及领导力培养方案，你所说的这些想法对于我们领导来说太过超前了。"这个说法简直令我咋舌。我的想法是：今天的企业需要超前意识、革新的思维和全新的方法来"解决"领导及文化争议问题。如果要员工各司其职，使消费者保持忠诚以及让未来有利可盈，领导就必须开始放手一试，走出舒适区，走出"老常态"，选择最适应当前状况的经营模式，而大多数的企业领导并没有意识到这点。

归根结底就是：要改善企业内部能量状态，领导首先要以身作则。

不良领导力测试

如果你还在想："我的企业真的需要正向领导的帮助吗？这种说法是不是很荒谬呢？"接下来就做一个小测试，结果会显示你的企业是不是正在深受不良领导力之苦。只需要对下面的问题回答是或否。回答问题的同时，你可以对照一下你企业的某个领域或者整个企业。

1. 领导更关心企业高管层、企业架构和企业目标，而不是自己的员工。

2. 领导害怕失去权力，面对不断增加的责任和"未知"的方向畏首畏尾。

3. 领导经常表现出"最糟糕"的一面或者负面能量超出正常范围。

4. 领导被政治因素束缚，无法施展拳脚，在面临更好的选择时，领导容易被政治因素所左右。

5. 员工正在离职或者打算离职。

6. 员工敬业度不高或者满意度不高，因为企业还有其他优先关注选项，员工情况没有引起重视。

7. 总体上，员工留任率极低，在企业某些业务板块存在着明显很大的分歧。

8. 员工对所犯的错误互相推诿，而不是承担责任。

9. 员工认为没有管理层具体许可之前不敢做出任何决定，哪怕只是简单的工作或者是照顾好顾客。

10. 各层级的人爱八卦、背后搬弄是非、抱怨不休成为企业常态。

11. 安心享用午餐成为奢侈，只能边工作边吃。

12. 每日 12~14 个小时的工作时长也很"正常"。

13. 企业鲜少提供福利、集体活动和"企业文化"项目。

以上问题只要有一个"是"都是危险信号，意味着企业的领导需要去重新改善、平衡和管理自己的个人能量——不仅是为了他们自身的健康幸福，也是为了员工的健康幸福。如果所有的答案都是"否"，恭喜！但如果你回答了 5 个以上的"是"，表明你的企业患了"能量癌"，经营企业的领导们正在将企业置于慢性死亡的境地。

实际上，大多数在早晨醒来的时候都不可能这样想："我今儿个要做个十恶不赦的混蛋，用负能量去伤害他人。天哪，到 5 点了，我得赶紧气死至少 5 个人……"相反，大多数人都想为我们的世界做点好事，成为参与到一件有价值的事业，体验欢乐、爱和意义。他们都想拥有与人们相互连接的健康生活，也让自己帮助过的人在此过程中也感觉良好。我们的世界充满了善良的人，一点也不假。实际上，在将近 20 年与商界人士一对一的互动中，我还从没遇到过一个人不对我说类似的话："我想被别人看作好人，是个有价值的人，一个受尊敬的领导。"即便有的人不善言辞，想表达的意义仍然是成为有力的领导。

有时企业员工会忘记他们的领导是一个人，同样领导也常常忘记手下的员工也是人。为了让大家明白，下面将会举实例来说明大多数领导的想法和情绪所潜移默化影响的领域。这些领导和你并无不同，他们也绞尽脑汁渴望重新获得良好感觉，想把自己做到尽善尽美，成为拥有好品德的有力的领导。虽然他们都接受过职场专业培训，极其认同成功学说，但是脑子里还是充斥着一些破坏想法和垃圾情绪，会给企业带来负能量。

下面是一些典型的例子：

上班高峰时刻，萨拉挤坐在人群里，不断地拿出手机给朋友、儿子的保姆及丈夫发短信，告诉他们今日又被搞砸了——她又迟到了。她的内心焦灼，时常光顾的挫败感和愧疚感又涌上心头，大脑里不断回放着：今天又把事情搞砸了，每天都搞得一团糟。这些念头不断缠绕着她。

凯瑞坐在桌子旁，双目紧闭，病恹恹的。因为对自己不满意，她的肠胃里总有种作呕的感觉。她每天连轴工作 12 个小时，有时 14 个小时，难得有机会在餐桌旁坐着吃顿午餐，却不断提醒自己是个糟糕的母亲和不称职的妻子。她奢望能有点属于"自我"的时光，但这点奢望与成功的目标格格不入。她强迫自己不断参加会议，保持着一副"我很好"的专业姿态。

穿过企业层层的办公室门，汤姆想知道自己为什么还要不断奋斗，他已经有金钱、权力、地位和别人的尊重。他所向披靡，不断攀上成功的高峰。这一切似乎理所当然。但是在内心深处，他却感觉身心俱疲，悲惨无比。那种一旦失误、满盘皆输的感受让他胆战心惊。他觉得终有一天，手下的人会发现他也不清楚自己到底在做些什么。

艾琳去参加会议，一直在想为何要参加这个会。是自己能增加价值吗？他们觉得她配得上自己的职位？茫然。她也不知道自己何去何从，为何在此。焦虑与疲倦袭来，可能就是她自己不想去参加。她知道是一些完全无法掌控的个人问题才会让自己陷入这种状态。一上班就有这问题。

星期天早晨，丹坐在家里的桌子旁，正挠头想法子聚精会神，完成上午之前必须完成的工作。一旦完不成，这个周都将混乱不堪。只要这样想放弃的念头一出现，他就尝试着深呼吸。他会想"这是我想要的生活吗？天哪，我究竟是怎么了？"

能量训练

从上面的例子可以知道，很多领导面临着心理、情绪问题的困扰。或许，企业领导力发展需要采取更先进的策略。是拓展思维、勇敢向前的时候了，要用一种截然不同的方法让企业领导者既健康积极又富有效率。健康是一个具有 1.3 万亿美元价值的产业，虽然投入了这么多的资金，而成年人的健康每况愈下。全球企业因为员工的职场压力、肥胖病和慢性病深受拖累。我们国家一直倡导"身心健康"运动，企业不断提供领导力训练和传统改善身心健康的项目，但员工不健康的增速反而越来越快。从之前举的例子中看出，领导们也不例外。他们急需一套全新的方案，由内而外地改变，他们也想好好表现，将健康的能量带回企业。只有他们自己的精神能量恢复健康，体现出全面的力量和担当，才能避免他们的负能量继续祸害企业及员工。

让领导积极健康的唯一方法，就是净化他们之前的旧能量，给他们的系统注入健康的能量，教授他们管理和维护自身能量的方法。而能量训练就能轻松完成这个任务，它能改变我们能量的朝向，对我们的思维、情绪和行为有积极影响。定期进行能量训能促进个人能量更新，缓解疲惫，提高工作效率，也允许我们适时软弱——它将会创造转型成长的机会，开启由美好品德引领的生活。

在进行能量训练期间，负面能量都被净化和更新了，并通过思维、情绪和行为显现出来。随着正能量的提升，我们就能做出能好的选择：不仅可以坦承并改正自己的错误，也能展现出优秀的品德，让个人生活更有幸福感。此训练可以有专业人士指导，这能更深入地解决我们身体和精神的需求问题。专业人士会问跟能量障碍有关的问题，揭开功能失调行为的核心所在，促进自我发现。企业采用此方法能加速领导深层次的变化和成长。其实，领导们并不是已经完全被打垮了，他们只是需要重燃能量，让自己重新带着灵感审视人生。而这种灵感会渗透到工作中，为员工带来有感染力的乐观氛围和动力。

下面我们来看几则潜能得到激活的领导者的例子。

领导潜能

泰德是一家中型制造企业的市场副总裁，同事们喜欢和他共事完成项目及制定策略，因为他的鼓舞精神时刻处于饱满状态。别人说话时，他认真聆听，直视说话者的眼睛，问的问题直接明了，不带任何主观判断，回答的话语也不借题发挥。在制定重大战略期间，泰德从不优柔寡断、拖泥带水，因为这样会失去大家的信任。他天生就有关注企业前景的能力，同时也激励着别人照做。当遇到困难和阻碍时，他还会不断吸取教训和学习经验。

泰德的能量积极健康，员工也因为他的存在而有信心和归属感。他所散发出的气质传递出"万事皆有可能"的信号。严峻形势下取得佳绩的履历证明了泰德不仅是个睿智的商人，而且他对各种可能性的开放态度也更突显出他的胸怀。同事们都称赞他勇于担当，头脑清醒，有着强大的号召力。泰德的确是位品德优秀的领导者。

愿景潜能

丽萨拥有一家新兴科技企业，在同行中她的聪明和睿智是出了名的，她是位愿意冒险及能够化风险为财富的女企业家。问到如何做出企业决策时，丽萨的回答一如既往："我跟随并且相信企业的愿景，以及我的直觉。"因为在愿景的指引下做事，所以她从纷繁复杂的当下中解放了出来，她给员工足够的自由，让他们以自己独特的方式完成自己的事情——一旦出现问题，她不会指手画脚或者责怪刁难。只要企业朝着正确的方向发展，许多错误无足挂齿。企业的人都钦佩她，这也是她能在一个快速升级换代的行业中保持5%员工流失率的原因。与竞争相比，她的员工表现更佳，因为员工有安全感。丽萨是位品德优秀的领导者。

沟通潜能

萨拉是一家知名保健企业的传媒总监。去年，企业曾召回两种盈利最多的非处方药，在这一事件中她的处理方式对企业非常有贡献。她成功说服高层领导要承认自己犯下的错，而不能刻意隐瞒。而后她写出公关策略，向消费者表明企业诚信经营的决心，并全面向员工披露了发生这次事件的相关细节。萨拉不顾后果支持正义的魄力和胆量，为企业和她自己赢得了尊重。员工非但没有因为厌恶而甩手离去，反而备受鼓舞和激励——因为企业愿意不惜一切代价公开透明信息，冒着有可能致命的风险，捍卫了正义。毫无疑问，萨拉是位品德优秀的领导者。

目标潜能

保罗是一家大型消费品公司战略计划部门的副总裁，他有理解企业目标导向的能力，有鼓舞所有员工的力量，所以他坐上了这个位置。尽管该企业的传统文化本质上已经固化，很多方面无法进行深刻变革，但是保罗进步大胆的想法受到同僚的尊重和支持。他能在一个慢得像蜗牛一样的公司里做出快速且必要的改变。如果有企业领导者问他："你是如何在公司里赢得人心，并推动自己的想法，让员工各司其职的？"保罗的回答是："我从来不抛出对人没有强烈积极影响的想法或者策略，并且我要确保公司里每个层次的人都参与到战略中来，并完成自己的目标。我不说假话，不绕弯子，不拉帮结派，不钩心斗角。在工作中，一切应以目标为导向。我也一直遵守赏罚分明的诺言。我相信每个人都能感受到我将他们的最大利益牢记在心里，他们也信任我。"保罗也是一位有力的领导。

关爱潜能

格里森是一家中型工程公司的经理，他每天都跟流程、技术及分析打交道，日复一日。为了完成工作，他需要的是在决策之前拿到事实和数据。但作为领导，他的格言是："人性的力量永远大于数据的力量。"他不仅严格遵照这条格言，而且总是耐心指导员工，把他们引向正确的道路。

格里森手下的员工留任率、团队绩效、敬业度都是公司里最高的。员工都喜欢在他手下做事，因为他能帮助所有人把事情做好。即使他有时表现得很严格，但他总是很愿意教授和指导员工，听取他们的想法，鼓励他们将自己的想法化为现实。而且，等他们真的去做的时候，格里森总是会给予支持。因为关心团队成员的生活，他也赢得了声誉。他是第一个在周一早晨询问员工周末过得如何的人；当员工在为业绩挣扎时，他试图去理解每个人的难处；他不怕别人对他有看法，乐于与团队分享自己的生活。格里森是一位有力的领导。

自主潜能

凯莉是一家大型会计事务所的合伙人。她带领着公司渡过了经济危机，实现连续 5% 的增长率，因此最近被提拔为合伙人。她管理有方，给公司增加了利润和效率，而她的竞争对手却在夹缝中挣扎，有的甚至关门大吉。在一个讲求实际的公司里，凯莉用感性的魅力赢得了所有人的尊重。

事件如下：在四处充满危机的年代，凯莉并不像公司里其他领导，将所有的事情亲自操持起来。在开始意识到公司有可能会陷入危难之时，她在一个周五下午把团队成员召集到一起。她开场就说："如果公司有一丝一毫能取得预估增长率的希望，就不会让你们在 3 年内失业，你们所有的人都必须加入到公司生存的大计中来。我这里没有解决办法，有可能我们会失去全部。现在我给你们权限和支持，让你们在自己的业务板块去想办法。我只有一个条件：在做任何决定的时候，必须将公司及其家人放在首位。"

那个周五下午，凯莉让所有人畅所欲言，说出他们的想法——所有大胆的创意、大胆的想法、大胆的提法都拿到台面上进行沟通。在 3 个月的时间里，凯莉促成了多次战略会议的召开，所有人聚在一起想出了能达到目标的计划，而那段时间正好就是"大萧条"以来最糟糕的金融危机。凯莉不仅想出了拯救公司的计划，她也收获了一批"忠臣"去实现这些计划。她是位有力的领导。

连接潜能

亚当曾在一家公司做过 10 年的执行总裁，公司近期被一家全球零售巨头收购。现在他是该零售公司的新任运营副总裁。

按照大多数收购惯例，原公司的高层领导都是被遣散、降职或调离，然后由新的执行总裁组建新的管理层队伍。亚当之所以能够担任新的领导职务，是因为他的工作业绩可靠。同行认为亚当很幸运，仍然有份高薪工作，能尽其才。但他看着以前的部下现在竟然被提拔到比他还高的职位，并没有觉得自己有多幸运，因为"新鲜血液"注入公司高层，他认为有些缺乏职业道德、自私自利的领导，留在了原来的位置。新的管理层建立后，不满、担忧、焦虑、权力斗争这些负能量就被带进公司。公司发展滞后不前，领导之间也不懂得私底下应该如何相处和尊重。领导力缺乏和相互否定成为常态，焦虑和恐慌在公司各个级别蔓延开来，无人知晓将来会发生什么。

经过一段混乱时期，亚当的团队似乎是唯一一组表现有进步的，队员之间相处融洽。同僚对他充满了敬畏，想知道在如此高压力和混乱的情况下，他是如何保持专注和冷静并取得这些成果的。终于有人开口问了他这个问题，他只是说："我不计较，不计较被降职，也不让自己心怀怨恨、妒忌和不满。我知道，如果要带领公司前进，我需要专注在重要的事情上：带领员工促进公司发展。我决定重新面对我的团队，而不是让自己被不健康的混乱状态淹没，那只会损害到公司和员工们，我承认自己过去犯的错，然后继续前行，直奔目标。诀窍就是放下过去的伤害，保持与人们的正向连接。"亚当是位有力的领导。

责任潜能

安德鲁是一家消费者电子公司的老板。他出名是因为他工作效率高、守信用、守时，常常超过预期地完成任务，竭尽所能地给公司员工关爱。他很清楚，只要经营公司的人自己也被照顾好了，预期业绩就会实现，而顾客也会从中获益。

作为公司老板，他特意组建了一个顾问团，时刻监督自己，负责为公司做出稳健的企业决策。去年，安德鲁将顾问团改组，创建了一个人道主义委员会。委员会由公司高层领导和各级员工组成，包括所有的部门和级别的员工。委员会的目标有两个：一是保障公司决策为员工服务，二是发展公司业务之外的人道主义事业。委员会成立以后的第一件事就是成立一个自己的医务室，为员工提供全方面的医疗服务。安德鲁还自己掏腰包来建医疗室。

如果向员工问起安德鲁的领导能力，他们会说："他是一个有责任心的人。他不但对员工负责，也对社会负责。他想尽力建设一个美好的世界。他鼓舞我们更加努力工作，更加体贴顾客，就像他所做到的一样。"安德鲁是位有力的领导。

高品德价值标准

如果领导者的潜能得到了激活，那他就能实现高品德价值标准，这是有力的领导的重要组成因素。这些标准可归纳为八条。符合每一项价值标准都是领导者成熟的表现。随着领导正能量的增加，高品德价值标准在他们的日常行为中也逐日变得明显。当领导感觉身体疲倦，而且充满负能量时，他们最糟的一面就会显现出来，品德也抛之脑后。一旦体内的能量健康起来，实现高品德价值标准也是轻而易举的。我们能量的健康和实现该标准的能力相伴相生。以下是领导需要拥有的八项高品德价值标准：

1. **自我觉察**：随时活在当下，保持专注力。它是一种既能展望未来又能反思过去的能力，同时不被未来和过去束缚。它能清楚地觉察自己的行为和情绪，是不是符合八项品德价值标准，随时矫正行为，达到高品德的价值观要求。

2. **自由**：自由驱动发展。在企业里，给予员工权限和保护，让他们按自己的方法去解决困难、设计方案、发展策略，这就是自由。如果领导者展现出了自由的价值标准，那么他就会信任员工，也不再需要一直监督员工。

3. **真实**：讲真话能让员工和企业都具有积极性。如果领导的言语都是可靠的，员工就会备受鼓舞和激励，会愿意承担更重要的工作。要实现该标准就不接受否定，无人找借口，错误有人承担。

4. **诚信**：诚信就是鼓起勇气和坚持大无畏的信念——尤其是整个商业大环境都不诚信的时候。如果领导者符合这个标准，那么他就会保证企业诚信经营，为员工主持正义，把员工放在决策中心，坚决不动摇。

5. **关怀**：关怀能增加员工敬业度和人才留任率。它要求发自肺腑的关怀他人，犹如感同身受。它能带来信任、尊重和忠诚，也能向所有人表明企业具有同情心。对于有同情心的领导，很明显他们关注企业对员工和社会的影响。

6. **灵活表达**：如果员工感受到自己真正地得到了表达诉求的自由，那么这个企业的想法和创新就会充分地释放。改革就会更加流畅和有效率，因为员工就会更有主动权，认为自己的想法很重要，同时这些想法要服务于他人。

7．宽恕：宽恕要真正做到不计前嫌。我们人类容易心生嫉妒，对过去的仇恨耿耿于怀，沉溺伤痛，纠结失败带来的愧疚，因此，这个标准是所有的标准中最难实现的。要实现宽恕，首先要原谅自己，剩下的都好办。

8．责任：为自己的选择负责，敢于承认错误和失败，服务他人与社会，可以创造更美好的世界。要实现这个标准，领导要办事高效，遵守诺言，改善整个企业的经营状况。

激活过程：担当、训练和导师指引

要将企业变成一个员工充满活力、敏于行动、创造利润的健康生态系统，现在是时候了。领导能力是企业的关键，通过"三步走"的方法，领导潜能就能得到激活。

1.担当

企业需要让所有的领导都承担其责任，去实现高品德的价值标准，清楚传达有力的领导的良好预期。这就意味着任何跟金钱报酬有关的审核程序、奖金结构、职工认股等都只跟高品德领导发生联系——就该这样！当然，其他的衡量指标也很重要，但是每天的高品德价值标准考核至少占50％的比重。这称为"品德标准得分（CVS）"。CVS是员工和同事的意见、敬业度调查和员工留任率调查加权的结果。之前也提到过，高品德领导取得的绩效是低品德领导的3倍之多。如果企业无法让员工充满活力、敏于行动、创造利润，那么这个企业需要认真正视领导是否有力这个问题了。根据我们现在社会和商界的状态，如果你想在领导的位置上做出改变，那么你就需要直戳痛点，打破原有的安全感及避而不谈的问题。

2. 领导能量训练

第二步是让领导有意识地训练自己。没有人是天生的领导者，人们需要在实践中不断改进自己、甩掉包袱、清除障碍并获得有效的领导力。然后，新的见解、观点及前进的明确方向就会出现。如果你希望加速这一进程，最好要寻求专业人士的帮助，因为专业人士有丰富的经验。去找一个吧！这将会是你对自己和企业所做的前所未有的最佳投资。

3. 系统性的导师项目

第三步就是为领导寻求可靠的导师。和领导培训不同的是，导师项目是根据你的成长路径进一步建立与某人的信赖关系。领导者能向这个人寻求建议、引导及学习高品德价值标准。企业可以创建结构化的项目，让各级领导觉得很容易参与进去，然后找到自己的导师。除此之外，所有的领导必须明白，为了自己和企业，必须参加导师项目。有力的领导会自动成为别人的导师，只要他们达到了有力领导的持续状态——这一点可以由 CVS 确认。

这种"老带新"的导师项目要成为企业的重要的一项工作，如果企业目前还没有有力的导师，或者说还不足以支撑一个这样的项目，那你需要和其他的企业合作或者在你的关系网中寻求有力的导师。我还从未遇见过有人拒绝成为职业导师——有力的领导都拥有帮助和服务别的领导者的强烈欲望。

现在你已经知道该怎么做了，如何创造正确的能量生态系统帮助企业创造利润。最后的信息很简单：领导的能量健康是企业最重要的事，它关乎企业的赢利。不管你是价值 10 亿美元企业的执行总裁还是冰激凌店的老板——你都要变成有力的领导，你的企业就靠它了。

原则二：

激活愿景潜能

能量是动态的，是变化无常的。我们的能量与我们所处的环境相互影响、相互作用，毫不停歇。无论你多么频繁地对这个世界感到不安，都是你的现实经历。当人们觉得自己的企业前途未卜，满怀焦虑与沮丧，他们的想法、情绪会产成消极能量。最终演变成能量耗竭的工作环境。还记得蝴蝶效应吗？你的能量频率可以引发巨大动荡甚至严重后果。积极的能量可能会在人们思维清晰、思想专注、情绪平静的状态下产生。没人能做到一边开车一边导航，还能保持心情平静。如果一个企业渴望有能产生积极能量的清晰思维，那么他们应该弄清楚企业的前进目标，设立这个目标的理由，以及怎样达到这个目标。

原则二就是关于愿景和目标的力量——蓝图的力量。它就是企业的发展方向，给人以前进的指引与信心。它能产生清晰的思维、明确的目标，这种思维状态是一个企业想要实现其愿望所必不可少的。愿景和目标能在整个企业中传播积极能量，因为当人们目标一致，清楚前进的方向时，他们的工作会变得更加智能，而不是越发艰难。

明确的愿景和目标能减轻焦虑。就好比人们在不熟悉的泳池游泳溺水时，能消除自暴自弃的想法与情绪。它们的影响相当惊人：让员工清楚地知道企业的前进目标及实现的方法，企业就有了快乐的职工。但如果事事保密、严密封锁，要么只对管理层公开，要么根本没打算制定目标或愿景，那这个企业自然千疮百孔。在此，我们又回到这个话题——你的企业能量元气大伤了。

想象一下：早上 10 点，你正坐在车里，30 分钟后你要出席会议。不必担心，你带了手机，GPS 正在导航，一切正常。事实上，你对参加这次会议还有点激动，因为会议地点在你的企业今年新建的创新大厦里，你还有机会见到鲍勃——他是企业准备明年推出的人性化革新计划先锋团队主管。今天是你期待已久的一天，准备借助这个机会给他留下很好的第一印象。真是个令人激动的日子啊！这一切 30 分钟之后就会上演。

咖啡和手机放在手边（今天只带了一个手机出门），开车出发了，真是美好的一天。收音机里放着 U2 乐队的歌，天空一片湛蓝，从车窗拂过一阵清风，让你身心放松。

突然手机发出嘟嘟声。你看向手机，发现 GPS 导航出现故障。你不知道去创新大厦的路。抓起手机打电话到总部询问路线，但手机只有一格信号，服务时断时续。你查看了会议邀请函，但上面没有路线图。你大声吼道，"这是什么情况，为什么偏偏是现在？没理由只有一格信号啊？天气明明很好啊！"这时，你遇到了一个小小的交通拥堵。所有的车都在等一个漫长的红灯。你心跳加速，感觉肚子还有点不舒服。还有 15 分钟会议就开始了。

前面是 90 号州际公路的东西出口。你突然想起办公室有人说过从 90 号公路出去就能到。你自言自语道，"该死！我应该走东还是西？东？西？东？西？"你走了东边，进入 I-90 路。

当你走上 I-90 东路，想起你的同事萨拉上周给了你一份去创新大厦的线路图。你把它塞在了公文包里。"太好了！谢天谢地，感谢萨拉！"你一边开车一边把手伸到后排拿包，就在这时，咖啡倒了，洒得满腿都是。"我的天！不是吧，偏偏这时候跟我作对吗？"你拿到了路线图，才发现应该走 I-90 西路。你看了看表，还有两分钟会议就开始了。你发疯似的从下个出口出去，掉头，开上 I-90 西路。

会议已经开始了 15 分钟，你大汗淋漓，裤子上沾着咖啡，心怦怦直跳。你满腹忧虑，窘迫不堪，担心给鲍勃留下糟糕的第一印象，深信自己不可能得到这个新的领导职位了。你开始自我安慰。"冷静一点，放轻松，没事儿的。深呼吸，深呼吸，深呼吸。"稍微平静了一些。你到创新大厦时，发现手机上有满满五格信号。你又深吸了一口气，"好吧，这真及时……才怪。"

你走进创新大厦的会议室，发现一个人也没有，空空荡荡的。"怎么回事？"你走向前台问其他人在哪儿。前台的女人声音很欢快地说道，"噢，那个会在明天上午 10:30 开啊。他们没告诉你改时间了吗？"你一脸茫然地看着她。"明天？没有啊，我都不知道。"

你筋疲力尽、稀里糊涂地回到车上，还看了下手机上的日程安排，确定一下是不是自己弄错了。日程上记录的会议时间就是今天上午 10 点 30 分。还好，自己没有发疯。

一回到办公室，你径直走向亚当。"怎么回事？"亚当轻描淡写地说，"噢，那个临时改了。没人告诉你吗？我们应该是忘了把你加到新的通讯列表里了。哎呀，那这样吧，我们下次把你加上去。"

经过这一系列事情，你一点干劲都没有，什么事儿都不想做，连裤子上的咖啡都没处理。你累了，只想回家待着混混时间。你勉强地坐在办公桌前，开始看 10 封重要邮件。你深吸了一口气，并将它吸进身体，决定今天就这样得过且过了。

我们都有过类似的经历。就算再有条理的人，也会因为别人没有方向而让自己处在高压状态下。如果能重来一次——你本应该早点出发；本应该带两个手机（因为这真的很有用）；本应该在出发前把路线打印出来；本应该记住上周萨拉给了你路线；更应该在出发前跟亚当确认一下是否有任何变动——以防万一。那么，我来给你讲讲我的"本应该"：企业本应该清楚告知这次变动，本应该让这条新信息对每个人公开，本应该在邀请函上说明路线。这会有很大帮助。

我们可能都发现了这个故事中的幽默，但如果你意识到这就是对于自己企业的一个隐喻，就一点也不可笑了。"会议"隐喻企业的愿景。"与鲍勃见面，成为新的领导层"隐喻企业的目标。"寻找路线与准时到达"引起的一系列混乱，隐喻大多数人在拼命揣度领导者经营企业最终目标时的感觉。大部分人的感觉可能更加糟糕。故事中我们假定企业本身有高明的愿景与目标，而现实往往并不是这样。

对于企业而言，愿景与目标就像暴风雨夜里海港的一座灯塔。目标很明确：让船只安全进港。灯塔把光照到海上，引导船只航行，从而实现这个目标。如果灯塔没有灯，船只将迷失方向，可能撞上礁石，可能互相碰撞，最终沉没。如果灯塔同时有很多灯，也会是同样的结局。相反地，灯塔设计师深谙此理：想要让所有的船只找到方向，就只能有一盏明亮的、不会引起困惑的灯来引导船只到达海岸。

同样地，企业需要有一个能证明其存在价值的明确目标，一个指引人们走向最终目的的明灯。一些企业因为有一个目标侥幸成功，他们宣称，"我们的目标很高远，足以推动企业前进。人们需要知道的只是来这儿的原因"。一些企业试图靠一个愿景就想获取成功，声称"了解我们的最终目的能激发斗志，鼓舞我们前进，只此一点，足矣"。而现实是，一个企业需要两者兼备。员工应该为了解企业存在的价值而充满自信，同时也要坚信企业明灯能带领他们走向正确的道路。

如果企业没有明确的愿景和目标，它就会脱节。各自为战被视为一种生存技能而层出不穷。每一个个体都默许同样准则："既然企业领导制定不出明确的愿景和目标，那我们就自己制定一个。"并且所有的人都这样做。这会让企业做很多无用功，会让员工因为项目停滞不前、权力斗争、精力损耗等问题而深感挫败。

想象一下，有一个巨大的风力发电场，产生的电能足够供给两座城市。发电场的一边供给的是斯托尼克里克城。这个城市的风车全都整齐排列，朝向同一个方向，以便被风吹动，为城市提供足够的电能。斯托尼克里克还建造了风车组（即一组等距设置并同时运转的风车），以确保不论任何风向都能保证供电。一阵风吹过，风力发电场的这片风车似乎毫不费力，一齐转动。城市里的人们都以风车一同运转的有序景象而自豪。新能源的使用减少了城市开销，同时还让他们有能力翻新城区——创建了一个有更多企业、更易就业、环境更好的城市。

风力发电场的另一边供给的城市是加里斯堡，风车朝向各不相同——没有风车组，也没有一致排列。有些朝向大致相近，但都没有完全一致的。一阵风吹过，有的风车在转动，有的纹丝不动。一些风车似乎转得很费劲，而与此同时，其他的风车完全不动。一阵狂风吹过，风车转得过快，烧坏了设备。这种情况下，城市就停电了，这对城市造成巨大损失。城市官员都不清楚为什么会变得这么糟糕。他们聘请了很有才华的人修建这个风力发电场。每到之处你都会听见人们说，"你还以为他们会弄清楚怎样源源不断地发电！到底是谁在主管这事儿？"

当然我们不只是在谈风车，我们谈的是企业。这个类比很简单：让企业的每一个人清楚知道企业前进的方向，奇迹就会发生！就像斯托尼克里克一样，你会赢得更多消费者，你创造了更多就业岗位，还营造了一个更健康的工作环境。与之相反，你也可以像加里斯堡一样，长期忍受电力中断、亏损，你的员工会告诉包括消费者在内的每个人，你对经营企业没有思路。看起来这个选择似乎很简单。底线就是制定出你前进的目标，设定这个目标的理由及怎样实现，然后清楚地告知每个员工。

现在，如果你准备冲进办公室，占用领导的周末休息时间，安排一次战略会议或一个高级管理会议，以制定企业的愿景和目标——赶紧打住！真的，停止这疯狂的行为。这是因为你的领导团队能够提出卓越的愿景、目标及策略，但如果缺少能够传达、落实这些信息的有用之才，你的企业将步加里斯堡的后尘。你会回到起点：精力大损，举步维艰。

绘制蓝图

接下来谈谈有能力的领导者如何为企业指明方向。这个过程称为绘制蓝图，追寻每件事背后的意义，厘清事物的主次能够对比有所帮助。过程很简单——你只需要问自己5个简单的问题，清楚并始终如一地与企业中每个人分享你的答案，给他们指导，也给他们实现目标的自由，从而激励他们。

在小企业里，蓝图的绘制可以由个人完成，而在一个较大企业里，则可以由群体完成。如果你想要由一个群体共同创建蓝图，你必须保证企业的每个领域、每个层级都有代表参加。在此过程结束之后，你会得到一个能驱动企业的目标蓝图。

问题 1：5 年后的企业需求是什么？

通常情况下，在企业提出愿景的时候，会问一个问题，企业未来走向是什么？那么问题来了。当我问领导们企业走向时，得到的结果往往是一屋子人面面相觑，直到某个心直口快的领导决定让大家依次发言。尽管如此，第一次会议经常会变成一场争辩，想要达成一致，就算不是完全不可能，那也是相当困难了。然而，当我问到企业 5 年后的需求时，往往反响热烈。这个问题很简单，因为我们从小就能程式化地回答我们的需求了。我想要这个……我想要那个……把这个问题加之于企业也同样简单：企业想有更多收益，企业想变得更加高效，企业想让员工更加快乐、更富成效，企业想要有健康的能量来推进……重点在于我们怎样设计问题。只要你找到企业想要什么，你真正做的就是绘制了企业未来走向的路线图。你通过改变问题的提法，用新的方式描绘了企业愿景。

我们再回到人的潜能。虽然人们面对的事情很多，但每个人都有构建并追寻宏伟愿景的潜能。区别只在于你是否愿意开发并利用这部分潜能而已。在你思考 5 年后企业需求时，以下几条建议能帮你构建一个可以传播健康能量、结出硕果的远大愿景：

• 不要仅仅关注赚钱。如果你把赚更多的钱作为你的愿景，健康的能量是不会在你的企业中流动的。其实，把赚钱当作愿景会产生过多的有害能量并减缓企业前进的脚步。当今社会，钱这个话题，会对大部分人造成焦虑、恐惧及羞辱。几乎没人会因为企业愿景是赚钱而深受鼓舞，就算有的话，也是极少的。事实上，当赚钱成为企业愿景，人们会无意识地将自己从企业中分离出来，以此作为一种情感自保的方式。你最不愿看到的就是员工在情感上脱离企业。本书的全部论点就是要让员工从情感上融入企业。没错，企业确实为了赢利，但是赚钱一直都只应该是结果而不是目标。

•确保愿景可持续。我所指的是可持续发展。当你确定企业发展方向的时候，务必确保发展路线可以而且确实能够长期适用。如果不可持续，员工就会产生负面的思想和情绪，对发展道路上的任何改变都会抱有抵制的态度。对于企业中新的改变，员工们只会把它笑称为"本月笑料"。没错，世界确实瞬息万变，你必须适当调整，灵活应对竞争，就策略而言，这非常正确。但是就企业的愿景和目标而言，切忌朝令夕改。

•关注人类与世界。如果你的企业愿景并不人性化，那就别提激发人类潜能了。当人们为超乎自我、关乎世界的事情做贡献时，健康能量就会被放大。人们为一个关心世界同时关心自己的企业工作会更有动力。他们会努力工作并通过行动表达对企业的忠诚，减少并消除对这个环境的伤害。你的愿景和目标需要为建设更美好的世界、更健康的人类社会出谋划策。将来，如果企业愿景和目标无关人类与世界，员工将会跳槽，这与工资多少无关，消费者也会停止购买你的产品及服务。

•大胆却可行。大胆的企业愿景和目标可以鼓舞人心。吉姆·柯林斯（Jim Collins）在他的著作《从优秀到卓越》（*Good to Great*）中很好地向世界传达了他的理念，即为了卓越，要设定宏伟、大胆的目标。每个人想要有远大的愿景和目标，不过必须确保它可以实现。不管你的愿景与目标多么雄心壮志，多么鼓舞人心；如果这个目标看似太遥不可及，人们便会消极懈怠并怀着满腹的破坏想法与情绪，从而在企业产生不健康的能量。再提醒一句：可实现性很大程度上取决于领导者能否"言出必行"。如果你没有百分百的自信，确保你的领导团队可以实现一个关心人类、可持续、不局限于赚钱的愿景与目标，那请回看第一章。如果你的领导团队不作为，你将寸步难行。如果必须由腐坏的领导能量来执行，哪怕再小的目标，也永远无法实现。

• 让愿景简单直白。我坚决反对充满"企业行话"式的大段愿景陈词。制订目标时，用人人都能懂的"人话"。说真的，省去那些迎合企业行话的大段术语。如果你说的那些华丽辞藻不是关于产品和服务的技术术语，那请省略。当管理层之外的人听到这些"企业行话"，他们会在背地里说，"这到底什么意思？他们到底想让我做什么？文化是什么鬼？卓越是什么鬼？好吧，完全搞不懂。在有人说些人话之前，我还是按以前的做吧。"如果愿景不够简单直白，不可能有快速进步。

问题 2：这个目标重要之处在哪儿？

这个问题直指目标根源：企业存在价值是什么？如果你遵循上一节的建议，那么答案就很简单了：企业的目标就是为创建更好的世界寻求出路，就是企业正在尽力弥补的、促成发生的或者正在影响世界的事情。和愿景一样，如果你想用健康的能量来激励员工，企业目标就不能仅仅关注赚钱。确实，钱很重要，而且你可能创立这个企业初衷就是为了赚更多钱。很好！话虽如此，人们不会从情感上支持赚钱这个目标——就是这样。他们会不断消耗，在这个过程中，他们身心俱疲。一个能激励人们付诸行动实现愿景的目标，必须能激发积极情感。唯一可能的办法是，企业目标表现出他们想要创建更美好世界的真切期望。

问题 3：5 年后，企业会是什么样？

不对，准确地说，应该是企业看起来是什么样？给人的感觉是什么样？在脑子里想象一下这个图景。现在把它描述出来。就算你提出来一个梦幻般的 5 年愿景和目标陈述，但人们并不在乎纸上的空话。人们真正关心的是你描绘的图景给他们的感受。他们关注的是情感层面。他们关心的是，他们一闭上眼睛就能看到你描述的画面，这些画面能让他们感到愉悦。他们关心正给他们绘制蓝图的领导是否真的坚信企业发展目标。他们关心这个领导自己是否真的看得到他正绘制的美好图景。这就是有作为的领导必须能很好地传达信息的原因。如果未来图景不够生动，如果企业发展故事讲得毫无情感，如果传达愿景的领导并不真诚，那么再好的蓝图也是枉然。当人们发自内心地想要前进时，他们才会前进。当人们亲眼看到且情感上与自己尽力实现的目标紧密联系时，人们才会前进。领导者必须成为精英演说家。

风车实例告诉我们，让每个人齐心协力并走上斯托尼克里克式结果的秘诀是：在你绘制好蓝图之前，你没法告诉人们这样去实现这个蓝图。这是领导团队犯下的头等错误。企业本来有很棒的愿景和目标，但领导者直接跳过这步，而告诉职工怎样实现目标。打住！如果你没能用焕发热情、鼓舞行动的话语绘制好企业蓝图，那就从头再来。反之，你要么继续原地踏步、碌碌无为，要么所有的努力都付之东流。

马丁·路德·金（Martin Luther King）的演讲《我有一个梦想》（*I Have a Dream*）是将愿景带入生活的一个典型例子。这篇演讲稿我读了上百遍，每读一次，我都深受鼓舞，想要努力让世界变得更美好。马丁·路德·金就是一个有为领导，他知道怎样绘制一幅生动的蓝图。他知道怎样把人性作为目标核心。他在一个国家亟须改变的时候点燃了燎原之火。他给全世界的商界领袖做出了榜样。

问题 4：企业怎样去实现已绘制的蓝图？

只有在你绘制出生动的蓝图之后，你才能和他人分享实现蓝图的路线图。而当你将路线图传达给大家时，确保它用的不是晦涩难懂的文字。这就又回到我们提到过的一点，确保信息简单。当你尽力推进企业发展、唤起积极情绪时，"公司行话"并不管用。事实上，这些"公司行话"会成为阻碍企业实现目标的最大阻碍之一。

还记得本章开头的例子吗？就是关于新建的创新大厦、会见鲍勃，以及你找不到路线几近疯狂的例子。在企业中，当人们不能理解你所说的话时，就是这种心情——不管这些话听起来多么重要。你给大家路线图，必须用大家都听得懂的话。如果他们听不懂你所说的，他们永远无法实现目标。

下面我们举一个实例，怎样将企业习惯用的"公司行话"转换为大家能够理解的表达。当你传达怎样实现企业愿景时，你需要用下表中类似的直白表述。如果你不能体会其中的幽默或者你对"公司行话"坚定不移，那你需要再看看第一章。

公司行话	直白表述
卓越基础	企业将确保供给和支持每个人的工作，并让顾客满意。
高效文化	企业将开始聆听大众的声音，并集聚众智创建一个更健康的工作环境。
沟通性领导	领导将和大家进行交流，并将面对面谈话作为重点。
高效运作	企业将确保没有多人重复工作且过程并不多余。

当你描述怎样实现你所描绘的企业蓝图时，不宜讲得太过详细，这可能与你所想的正好相反。你只需要简单地确定达到目标（也就是你所描绘

的生动图景）的 3 个计划。这些计划在制订时请不超过 3 个。你要寻找 3 个对企业影响最大的。如果超过 3 个，那就太多了。不管你的企业有多大，资本有多雄厚，4 项计划都太多了。不管这些计划听起来有多明智，一旦超过了 3 项，想要实现任何目标，都将多花一两倍的时间。超过 3 项，甚至可能会让你无法实现目标。

在这个缩减规模、大幅收购、大量裁员已成为常态的社会中，你也必须努力让更少的人做更多的事。如果你的主要举措超过 3 个，企业将会进入负荷运转状态。员工会变得更加疲倦、更加不作为。基本原则是：如果将 3 个计划都实现了并且还提前实现了，太棒了。企业中的每个人都会非常兴奋、充满活力，利润将会疯涨。那么这时，你就可以再加 3 个计划了。

这经常让领导晕头转向，我听到过人们说："我们需要一个策略！我们需要具体的细节。你说过我们需要给大家指导！"没错，你是需要战略和细节，你需要确保每个人都有明确的方向。然而，有为的领导不会直接确定一个详细的策略，然后传达给大家。这种方式只能培养出机器人，他们害怕失败并且对不作为的领导产生不良依赖。有为的领导提供一个高层次的计划，而这个计划一旦实现，企业的愿景也就随之实现。在确定 3 个主要计划之后，有为的领导会给予企业每个人自由，让他们自主确定实现这些计划的细节。当然，有为的领导仍会提供支持和有效的问责制。然而，在权力移交之后，职能部门领导退居二线，让他们聘用的聪明人来做他们的工作。这就是目标蓝图的下一个阶段：每个人的角色是什么？

问题 5：每个人的角色是什么？

这个部分就是你们一直期待的——方向！先别急着兴奋，你要记住，你的角色是给人指导同时给大家自由。当你已经到达这一步时，你要收敛一点，不要给出一个实现目标的规定性策略。一旦你规定了，你就会堵塞能量系统，你为实现愿景所做的一切工作都将功亏一篑。你应该向企业所有人询问同一个问题，让每个人都要各抒己见。从兼职的门卫到首席执行官，每一个人都要回答这个问题，从而产生健康的能量来推进企业发展。这个问题很简单，就是：在推进计划实现过程中，你扮演的是怎样的角色？

实现目标过程中的美妙之处在于，通过给予人们自由——无关层级，地位或头衔——让他们把企业愿景作为自己的目标，从而推进企业向前迈进，实现企业愿景。让员工把企业愿景当作自己愿景的唯一方法是让他们融入这个过程。还记得凯莉吗？就是我们在第一章提到过的大型会计公司合伙人？凯莉就是一个能将团队集聚起来的有为领导，她曾说："如果企业有任何想要达到预估增长率的期望，且不说 3 年内不裁员，而是要把每一个人当作我们建构未来发展计划的一分子。对于道路怎么走，我不知道，我只是一个人，我只有一种思维——这不可能带领企业走很远。因此，这需要我们每个人的力量。就实现预期目标提出可行方案而言，你们每个人都有权尽可能地发挥创造性，并且这种权利是受保护的。"凯莉成功地让员工融入了这个过程，给员工自由，最大限度地发挥了员工的智慧，最终成就了伟大的业绩，这使她的事业直逼巅峰。

要成功地做到这点，你需要扮演导师、教练及问责伙伴等角色。人必须成为你的首要关注点。你必须用正确的方式——放下所谓的"高层"（不管它对于你意味着什么）思想，尽力帮助别人发挥出他们角色的最大价值。再回到本章开头开车的例子，你的角色是确保每个人都按时到场，这样他们都可以给鲍勃留下好的第一印象。如果员工想要用自己独特的方式来确保事事井井有条——那很好！你的企业很简单，就是确保他们都有充分的资源、坚定的支持及有效的问责。

激活过程：计划、宣传、执行

　　艾利克斯是一家大型纺织厂的执行副总裁。3年前，企业领袖认识到了他们面临的问题。在经过与行业伙伴的一次重大合并之后，企业开始在很多领域出现了意料之外的下滑。虽然实际收益确有增长，利润似乎仍然可观，但员工参与度测试占比仅为75%，一些部门的员工人数减少了近17%，而辞职面谈报告显示，人们离职主要是因为员工身心疲惫，认为企业缺乏方向，觉得领导层变得冷酷无情。招聘和留住新人越来越困难。缺乏信任使得任何变革企业的计划都变得虚无缥缈。企业已经感到压力，而为了抵抗这种压力，领导者又转而采用了专制的管理风格——在工作14个小时之后，这种方式来得更加简单。艾利克斯作为一个职能领导，看到了企业本质，不管现在企业赚多少钱，如果情况不能大幅改善，如果企业不关心员工，在企业发现自己失去了对未来至关重要的员工之前，企业业绩将会面临崩溃。

　　艾利克斯和一些同事看到了眼前的危险。他们知道想让企业回到正轨的唯一办法就是重新用健康能量激发企业动力。他们知道他们应该得出一个完全公开且有意义的目标，并将它传达出去，让每一个员工关注企业的三大核心计划。随后他们就这样做了。他们将企业各个层级、各个职能部门的人员聚集起来。他们请了一个外来顾问向大家传达实现目标过程。在会议结束时，人们最终提出了一项计划，这项计划能够让纺织厂现有的9万人都将企业愿景作为自己的愿景，共同推进向正确的方向发展——朝着一个能够产生健康能量的工作环境发展，朝着一个追求盈利和尊重员工并重的方向发展。这项计划的具体细节也很简单：共同分享，不懂就问，资料公开，互相支持。计划虽然简单，但实施起来效果极为显著。

每个部门领导都上传了一个 YouTube 视频，结合部门的实际情况解释了企业愿景、目标及三大核心计划。视频中，领导们承认了公司所面临的挑战，许诺支持每个人为促进企业发展所做的努力。此外，领导们还解决了先前管理风格的问题，并承诺会在履行好领导职责的同时支持其他领导的履职工作。这些视频引人深思，重要的是，每条信息都是真实的、没有脚本的。正常情况下大部分人根本没有机会见到的行政领导们，变成了活生生的、值得信任的人。这些视频很棒，在企业快速扩散，随后员工开始和其他团队分享他们领导的视频。这真是一个巨大成功。

在视频的结尾，每个领导者都要求员工承诺将企业愿景作为自己的愿景，从团队和个人的立场创造性地提出实现目标的方法。信息表达得很清楚：要促进企业发展，需要每一个人的努力，每一个人都被赋予足够的自由，为如何实现目标提出方法，实现自我价值并做出贡献。每个视频都以一个问题收尾："你的角色是什么？"

企业要求每个领导都必须与团队里的所有人进行一对一谈话。谈话中，领导分享企业愿景的同时讲述他们所认同的自己的角色，即导师、教练及问责伙伴。通过举例说明他们的角色在日复一日的企业运行中如何发挥作用。随后，领导会问一个问题，"你的角色是什么？"

考虑到员工需要时间思考自己的角色和如何应用刚刚得到的自由，企业建立了一个在线网站，每个团队都有一个私密讨论房间。以 30 天为限，员工需要就"你的角色是什么"分享答案；并且他们还需要回答，他们所认为的伟大愿景是怎样的。在讨论板上，员工可以详细列举他们为实现自己角色和推进企业发展的详细计划。团队成员可以做出反馈、提出建议、相互支持。基本规则摆在前面，规则很简单：相互支持、相互尊重，并保持在 3 个核心计划范围内。门户网站是一个让人们参与的好方法，还可以记录所有伟大的想法和具体的行动计划。

领导者成为事实上的导师、教练及问责伙伴。他们与团队员工至少两周见一次，实在不行可以通过电话交流。每次讨论充满了支持和鼓励，因为他们帮助员工制订更透彻的行动计划、庆祝成功及提出新思想。在此期间，领导能够随时监督，确保目标清晰，员工对事业的发展状况持续看好，并且可以以独特方式融入大蓝图。领导者坚守诺言，大部分领导从未缺席团队会面，因为他们把员工作为第一要务。而员工则 10 倍反馈企业。

虽然这个企业并不完美——没有企业是完美的——从老总到一线主管，每一位领导都为坚持目标路线图付出了努力。员工们也在实现目标过程中建立了坚定的信念，第二年参与率达到了 88%，第三年增加到了 91%。年均人员流失降到了 5%。企业收益持续稳定走高，利润率增加了 7%。艾利克斯和他的团队仍然坚持走在实现最终目标的路上，但生活在这个充满健康能量的环境简直不能更棒！

愿景和目标的实现需要耐心。企业成功不可能一蹴而就。在这个科技发达、信息变化日新月异的社会，我们期待立竿见影的结果。即时满足是我们最大的期待，这就像毒品一样。任何事情我们都想要立马实现，如果不能马上得到，我们就转向下一个炫酷的目标。如果我们哪怕能多等一秒，目标有可能就触手可及了。相反地，我们认为那一秒太长了，所以我们决定追寻某个新的目标，而我们转向这个新的目标会让我们错失千百个机会。我们都听过一句老话：好饭不怕晚。请耐心一点。让你的眼光停留在目标上。健康的能量不可能突然涌现，企业也不可能刚一确定目标，就能立马实现。我在此向你保证：只要你把本章学到的东西全部加以利用，并且耐心地等待，你会比你预想中更快地实现目标。当你实现了这个目标，员工会感到更有活力，企业账户也会有更多的钱。

原则三：

激活沟通潜能

沟通是让沉默转化为行动的推动力。为此，企业需要真实、透明地传达责任和决策。和恋爱一样，一个拥有健康能量的良好企业必须实现内部的良好沟通和互相坦诚。如果缺少了密切、顺畅的沟通，那就等同于你从每个员工身上抽掉健康能量。

　　回想一下你上次糟糕的恋爱关系。也许你现在正处在这样的状态。你知道那种感受：开始总是很美好——蜜月阶段。看着彼此的眼睛，浪漫的鲜花，说不完的话，分享彼此的世界。他／她太棒了！太完美了！你对自己说，"我觉得就是他／她了"。这就是刚开始时的兴奋阶段。你们喜欢彼此的一切。你会发现对任何事情的懊恼都是由完全崇拜转化而来的。你们不愿让彼此远离自己的视线。爱情很美妙，你们随时都在享受这种状态。随时随地"秀恩爱"和"絮絮叨叨"让你的朋友厌烦不已。没错，事实就是这样。

　　随后，你开始发现一些事情，使你变得不愿回应。比如，他曾告诉你他是一个企业的所有者。而事实上他只是那个企业的销售代表。当你问他为什么说自己是企业所有者时，他轻描淡写地说："我是这家企业的所有者啊，我工作的部分是由我所有啊。好的销售代表都把他们经营的部分当作自己所有的。"你想了一会儿，不，你这么说分明就是在撒谎。之后，他会和朋友一起度过一个周末旅行。你偶然发现一张他与朋友过于亲近的照片。当你质问他这张照片时，他回答："我们只是朋友，我有点喝多了，我们没什么的。"你说："这明显不像。我一直以为我们是对方的唯一。"他说："我们从未要求过对方唯一。"此刻，虽然你很想逃离，但你们进行了一次单独谈话。

时间一天天过去，你仍然对那张照片耿耿于怀，深受困扰。你开始咨询你的朋友，"我应该离开他，还是留在他身边？离开？留下？"你的朋友（引用台词并）大呼，"跑啊，阿甘，快跑！"你却留下了。真是个愚蠢的决定。

时间过去了很久，一切似乎又变得很美好。你再也没看到不好的照片，你说服自己认为"企业所有者"这个小谎言也有点道理。而另一方面，你的伴侣越来越不能忍受你的一些行为，如出门不关灯，刷牙的时候开着水龙头，拿了最后一瓶苏打水没把纸盒扔掉，以及没有……好了，想想他会怎么做。如果你按他的方式来，生活会变得很美好。而你也变得厌烦，因为他似乎一直在挑你毛病——不停地抱怨、抱怨、抱怨。

现在你感觉你们在一起已经很长时间了。他说过的谎仍然在你的脑中挥之不去。你开始对他说的每句话刨根问底，因为你不确定他有没有告诉你全部事实。你也发现了话语中的一些"蛛丝马迹"。他变得越来越厌烦，因为你没有按照他想要的方式行事，而且也对他唠叨不断、夸大事实及无休止的吵嚷感到恼火。当你指出他言过其实时，他说："我只是不想让你生气，不想自找麻烦。你工作那么努力，我不想用你的生活琐事来分散你的注意力。"你想了想，觉得他简直是在胡扯。两人之间的生活越来越无趣。就算你们做爱，那也是枯燥乏味的，因为你们不能放弃对彼此的成见。怨恨和烦躁与日俱增。你们的聊天信息从每天五六百条减少到一两条，而这也只是出于责任应该发一条消息或有义务回应一下。一旦有件事情变成导火线，嘭！恋爱结束，彻底结束了。

因为在一段非常糟糕的关系中待得太久，你又花了 5 个月来走出上段关系的阴影。现在你的想法是，感谢上天，我在可以离开的时候离开了。亲爱的，再见了。

在这个例子结束的时候，你可能在笑，也可能在哭。世界上大部分人都在某个时刻经历过糟糕的恋爱关系。大多数人觉得他们与任职的企业就处在这种关系中，可能因为钱、地位或者不安全感而陷入这种关系。在一个糟糕的企业工作和在糟糕的关系中是一样的：它会吸收我们的正能量，并加入有害能量，最终会减少信心和动力。

上例中的恋爱关系走向了终结，同样的原因也会让企业灭亡——欺骗、操纵和谎言，紧接着是未说出口的沮丧、困惑和怀疑。和恋爱一样，如果企业领导者没有告知员工实情、没有保持坦荡，企业领导者就是在结束这段关系。情况或者更加糟糕——企业关系中充满辱骂、消沉、抑郁及争斗。最终每个外人都会问："为什么要维持这段关系那么久？ 这些员工怎么可以忍受？ 他们不知道只要离开，就能体验美好的生活吗？ 我很庆幸我不是他们，太可悲了。"

那么，究竟如何在关键中保持真实？真实这个词，就和道德一样充满争议，和宗教一样充满力量。它似乎也成为一些企业领导者的选择，领导们会根据事实对股市影响而决定是否说出真话。如果我们说出实情，股票就有可能上涨，"很好，那就说吧"。如果说出实情，股票可能会下跌，"那我们就把信息封锁，确保别人看不出来我们在说谎"。

让我们再回到恋爱的例子。还记得恋爱中说自己是企业业主的那一方吗？实际上是这个企业要求他们把自己工作的部分看作自己的。那个人没有将实情全盘托出，为了获得"股东"（恋爱对象）的好感，他决定撒谎。不可避免的是，股票下跌，关系结束。恋爱关系与企业情况是一样的道理。

只有将实情全盘托出才可谓真实。在恋爱中，如果你决定隐瞒部分事实，不管是什么情况，你会发现伤害、怨恨和愤怒在你们周围发酵，同时你们的关系逐渐破裂。企业也是一样。如果领导们选择说出实情，说明企业将会赚多少或会亏多少，会得到大家的尊重和认可；如果领导隐瞒事实，那么企业的每个人都只会袖手旁观，眼看着伤害、怨恨和愤怒在企业发酵，而企业有可能会因此分崩离析。安然公司（Enron）就是一个现实的例子，如果企业隐瞒信息，掩盖部分事实，后果有可能是毁灭性的。可以说，如果企业领导故意隐瞒部分实情，那么这个企业就是彻头彻尾的欺骗。

如果把企业比作一个人，真实、透明就是在沟通渠道中顺畅地呼吸。如果沟通渠道因欺骗或疑惑阻塞气道，企业会让每个人感到窒息，没有人有足够强大的肺活量来推动企业发展。另一方面，如果呼吸道能吸入真实、透明的健康能量，那么你的企业将势不可挡，企业的每个人也都充满活力。

沟通渠道是生命之源，请保持它的畅通。

沟　通

想要企业有一个健康的能量系统，你必须把沟通落到实处。这远比把事情写在备忘录以及创造的一些有形东西重要得多。人们口头的言语、笔上的文字，其背后隐含的意图都会在很大程度上影响他人，并决定个人能量如何在你的企业中出现。沟通能推进企业实现目的，如果沟通不当，它足以让企业走下坡路。

良好的沟通，能给企业补充健康的能源，传达完整、真实、透明的信息。沟通不当的企业，不管是口头的还是书面的，就像一个患有肺癌的烟民——他呼吸不畅，而这会影响到其他部位的正常运转。事实上，沟通不畅的企业与嗜烟成性的烟民有很多相似之处：烟民每吸一口，他都知道烟会对他的肺造成多么可怕的伤害。他知道，每吸一次烟，身体对疾病的抵抗力就会减弱。他也知道，他呼出的二手烟会让其他人处于危险之中。几乎没有烟民不知道这些危害，但是很多烟民选择拒绝接受。这种拒绝会使自己和周围的人都面临危险。他们不停地抽烟，他们的肺不停地咳嗽，他们身边的人也将面临同样的结局——肺癌、肺气肿、哮喘，以及一系列与吸烟有关的疾病。企业也是同样的道理。香烟的烟雾就好比企业有毒的能量，这些因为欺骗、操纵、否认等形成的能量会让企业里的人深受其害。你可能会想，"我的企业完全没有这些行为。我们沟通得很好"。是这样的吗？还是说只是搪塞之词？

沟通是企业的喉咙和呼吸道，因此它是企业能量系统的首要和核心部分，需要每个领导时时谨记的至高思想。那么，该如何激活沟通的能量呢？你可以从以下几方面入手：

1. 由积极意图引领。

2. 不让愤怒冒头。

3. 保持透明。

4. 大胆沟通。

5. 强大无畏。

由积极意图引领

意图是任何信息背后的积极力量。世界上任何词句的出现，都有一个意图。无论是口语还是书面，意图无处不在。意图可能是为了分享信息，改变某人的心意，表达情感或产生行动。我们选择的词总是首先由意图创建。如果沟通的意图变质了，有毒的能量会慢慢渗透并影响企业中的每个人。说真的，回想一下：在企业里，是否有不喜欢你的人或者把你视为威胁的人，和你打招呼？他直直地走向你，用很欢快的语气说："你好，见到你真开心。你最近过得怎么样？"然而，他话语背后的真正意图却在说："我还以为我已经摆脱你了。你怎么又在这里？如果我是老板，早让你滚回家去了。"意图本身的能量氛围是很强大的，它会让你想要尽快远离他。

同样的例子应用到企业中，会让你的企业产生巨大变化。举个例子，你刚让你的团队写了封给全公司的电子邮件，说："我们对未来和所有的可能性感到兴奋。我们很高兴过去这段绝妙的旅程有你们所有人作陪。在接下来的几个星期里，希望大多数人还能和公司一起并肩走下去。"而信息背后的真实意图是："我们准备发布一份解雇名单，先给你们一点心理准备，在发布之后请你们都闭上嘴。"很快，真实意图的能量氛围将侵袭整个公司，这使得企业的每个人都因收到这封邮件而变得人心惶惶。人们私底下的对话已经变成了："你听说了吗？公司准备裁员200人，我猜你是其中之一。"这时，每个人都开始找下一份工作，无心再认真工作了。结果，领导们被迫撒谎，像个心理医生一样安抚大家的情绪："我没有听说过任何裁员的消息，你没有什么可担心的，只要专心工作就好了。"

人都有本能的感觉，这种感觉叫作直觉。人类的直觉就是了解各种沟通背后的意图。直觉旨在保护和引导我们做出正确的决策。直觉来自对能量的理解，并向大脑传达信息。你曾经在这样的企业工作过吗？他们一直给你积极的口头承诺，而当你经历了巨大变化之后，才发现你的直觉对正在发生的事情给了你准确的信息。人的大脑很聪明，人的身体更机敏，而情绪与直觉比两者更甚。

当你向他人坦诚时，他们就会相信你和企业。如果你的意图不纯，人们会远远地就嗅出欺瞒的气味。企业也是如此，很多企业最终将耗费多年的时间来清理这些旧痕陈垢。请确保发生在你企业的沟通出于真实和积极的意图。你企业的未来就取决于它。

不让愤怒冒头

你可曾见过你的领导心情沮丧、用力关门？或者无缘无故地大吼大叫？当你看见这样的场景时，你可能会想，"有必要吗？"当然，答案往往是没必要。你身上可能也有过类似的经历，因为生气而对人大吼大叫、伤害他人的感情，而这个人与你生气的事情毫无关系。实际上，大多数人都有过类似的经历，会对着面前毫不相干的人发火。

你的思想和情绪产生你投入社会的能量，而能量催生行为，从而可能伤害或愉悦你身边的人。如果你或者你企业中的任何人，每次出现都像一只争夺食物的愤怒小鸟，这样会给每个人传递出一种不安、挫败、伤人的能量。请记住，我们的能量是有紧密联系的。不管这是不是你的本意，我们的想法与情绪都对他人有强大的力量。而愤怒情绪的力量更有10倍之巨，它会对每个人都产生消极能量。过度的愤怒阻碍业绩，加剧反抗情绪，让企业上上下下弥漫着恐怖的气息。你真的希望有一群"愤怒的公牛"在周围乱窜吗?

我们都有可能面临愤怒——不管是施动者还是受动者。没人愿意一直生气,也没人愿意待在一个老是生气的人身边。而现实是,我们的世界——包括你,包括每一个人——都在经受人类的能量危机,当人们能量耗竭、筋疲力尽,就会爆发,就会控制不住自己的思想和情绪。结果,人们变得暴躁,变得愤世嫉俗。当人们过度劳累,就会沉浸在自哀自怜中,觉得自己像个失败者,向所有人都展现出自己最糟糕的一面。当人们过度劳累,也会充满自我毁灭的思想与情绪,这会产生更多的愤怒。然后,我们会因自己糟糕的一面而气愤不已。同时,羞愧开始滋生。我们把羞愧深埋于心,而愤怒的循环还在继续。这一切不是很可悲吗?

愤怒会引发破坏性的肢体动作,摧毁开放的沟通和信任,并将侵袭企业的所有人——企业将不再有健康的能量,不再是人们想要工作的地方。愤怒可能是无声而致命的,也可能是大声而有辱人格的。无论哪种方式,它产生的负面能量都会让你的企业感到窒息。愤怒如果不转变为生产力,则会在企业各层级中滋生专制主义,让每个人都患上能量肺癌。

不过,愤怒也有积极的一面。愤怒的积极之处在于:我们都会愤怒,愤怒事实上也可以是很美好的。当愤怒失去控制,它往往可以引起巨大的积极转变。比如,当化学物质被倒在海洋中时,人们变得很愤怒,那么这种愤怒就可以变成强大的保护行为。别人对我们不好,我们可能变得愤怒,而这种愤怒可以驱使为维护自己的真理而站出来。如果人们承认愤怒的本质,它也可以是美好强大的——这是一种由恐惧引发的情绪。当愤怒可以促成恐惧与勇气的转变,它是健康的,可以用来刺激情绪向更好的方式转变。

用愤怒促成积极变化的秘诀是要有思维意识——一种高素质价值。这不仅适用于领导的沟通，而且适用于每个人的沟通。就这一点而言，马歇尔·卢森堡（Marshall Rosenberg）博士可以帮助你。他是非暴力沟通（NVC）中心的创始人，也是非暴力沟通技巧的创始人，该技巧被广泛应用到60多个国家，用于和平解决个人、企业和政治层面的沟通问题。非暴力沟通教会人们如何使用心灵和意识来进行直接沟通。关于非暴力沟通的更多信息，可以进入 www.cnvc.org 网站了解。

愤怒可以是积极的，而积极的愤怒是由思维意识驱动的。如果你的企业领导多次带着愤怒出现，而不是带着促进发展的积极意图，你的企业需要利用非暴力沟通技巧，企业领导者也需要变得更有作为。如果不这样做，你的企业将继续传播有毒的能量，愤怒的公牛将无处不在。

保持透明

从电子邮件到短消息再到内联网，人们进行着全天候的写作和阅读。写作是一种伟大的艺术和特权。任何事情都要依靠书面语言。这是我们传递消息、保持联系的一种方式。据说，"眼见不一定为实"是许多企业坚持的一个信条。为了产生健康的能量，你需要确保你企业中传递的书面信息是透明的、没有欺骗、操纵和谎言。如果采用的文字不能传递明确的信息、全部的实情和积极的意图，人们远远地就能感觉到欺骗。当他们察觉到企业已经抛弃信任，这引起的有毒的能量将摧毁企业的生产力。人们会从想为你工作，变得为了得到报酬而得过且过。没有人愿意为弄虚作假的人工作。你需要确保你的企业没有利用特定的写作手法作为欺骗操纵的手段。它发生的频率比你想象的要多，尤其是在关系到资金时出现频率尤其高。

透明是企业保持诚信的举措。透明是指企业公开全部事实，并提供所有的细节。你可能会想，一个企业不能始终保持透明。仔细品味下面一个企业领导的观点：

我们不愿公开太多信息。如果公开所有的信息，这会对收益和利润造成损害，我们的股票会下跌。

我们不想引起波澜、破坏业绩。

我们不愿让员工关注遥不可及的事情，而是关注眼前要做的事。

要完成好他们的工作，他们不需要知道所有信息。

他们不能接受真话！

而世事常理是，真相迟早会暴露。所有的信息都将显现出来，不管你愿不愿意。如果不透明，真相会由传言开始，人们会把传言当作真相，因为这是唯一的 "信息"，他们不得不信。领导可能会在压力下崩溃，会与同级的朋友讲述实情，而这个同级的朋友将和其他人分享另一个版本的实情。最后，这消息就会像燎原之火蔓延开来。这时企业要花几小时稳定情绪、平息众怒，为一开始的不透明寻找借口——更不用说为了重建信任所需的付出。这和维持已有的信任不同，重建信任比维持代价要大得多。

作为一个企业领袖，你是有选择的。你可以选择透明，坚定地传达真实明确的信息，或者你可以选择掩盖部分事实，任它造成困惑与情绪骚动。每个领导都有需要决断的时刻：有人会要求你隐瞒全部实情。如果你这样做了，你企业的员工会把你当作骗子。我能理解。如果你在一个高利润的企业，会有一些占有70%股份的重要人物要求你"保守秘密不要告诉任何人。你应该这样做，也必须这样做——这是领导层才有的权利"。我理解你的处境，但事情往往是如果你继续不作为，隐瞒部分事实，你就是一个骗子。这个称号绝不好受，并且一旦被加上便很难摆脱。

更深入一点讲，如果你选择了不透明，就算员工没有做他们应该做的，你也没有理由感到沮丧。回头看看第二章，这就相当于有人提出了愿景，但却没有指出方向和实现方法，然后因为迟迟无法实现而心烦意乱。当有人了解真相，坚信自己了解了全部事情，他就有了推动企业向前迈进的干劲。

你上一次感到无比兴奋、深受鼓舞并想要为某人做些什么，却发现他在欺骗你、操控你是在什么时候？你或许曾听到过下面的一段话："我真希望你是个彻头彻尾的骗子。让我永远相信这就是我想要陪伴那个人，就是我把一切都给他的那个人，就是给我能量的那个人。"是的，被重要朋友的欺骗就像是看到一团黏糊糊的呕吐物，很是讨厌！如果你认为这很残忍，你是对的，它本来就很残忍。并且它必须残忍，因为这就是事实。这是无人愿意谈论的完整事实。或者它曾被谈起过，但我们不让它传播。我们辩解说"这是职场的潜规则"。不，不是的。这是最大化的领导不作为。

我们说服自己，做一个骗子也行，只要有人付钱给我们。得到的报酬越多，我们说的谎最多。说的谎越多，企业里有毒的能量越强盛。你和企业的其他人都陷入了无休止的欺骗循环，从而产生许多毁灭性的能量，你的整个身体感觉就像被嵌在水泥中，哪儿也去不了——当然也不可能前进。但我们还是回过头去为它辩解。天哪，当我们欺骗成性，成为知道事情并且为之说谎的少数几个人之一时，我们甚至觉得自己很重要。而你把它放在恋爱关系中来看，你会发现这是病态的、疯狂的、完全错误的。

换位思考一下就能知道，欺骗足以让任何人感知焦虑和心痛。回想一下你上次被欺骗，想想上一次别人向你隐瞒实情对你产生的影响。你还记得心情沉重是怎样的感受吗？现在想起来还能感同身受吗？你所感觉到的沉重就和不真实的企业内聚焦的有毒的能量一样。如果企业选择隐瞒事实，每个人，从兼职门卫到企业 CEO，都能感受到同样的沉重。这种沉重是企业要求各级领导向企业员工传递的沉重。 恭喜你——欺骗已经到了无可复加的地步了。现在的问题是，你有勇气去改变它吗？

大胆沟通

勇气是不断向前的，无论前方多么可怕或是一无所知，请向着更美好的生活、更成功的企业、更美好的世界前进。如果你想激励他人、激发行动、驱动未来利润，你必须有勇气，你必须践行大胆的沟通。大胆的沟通是一种勇气和魄力：它让你站出来大胆捍卫你所坚信的东西，向前迈进去改变别人认为正常但你知道完全错误的事情；它把真实和透明放在首位，不愿意通过口头或书面的方式传达虚假信息。关乎放弃操纵，信任那些知道真相且只求真相，而为企业兢兢业业的美好人格。

我们已经知道，如果你的员工感到疲倦，其主要原因在于他们不断寻求真相。他们与领导对话的时候，或是参加全职员工会议的时候，都希望能够了解企业到底在做什么，他们将受到怎样的影响，以及他们在帮助企业发展过程中自己扮演着怎样的角色。当员工厌倦了这场游戏，他们会沉默，不想再去探索正确的信息。如果他们认为企业就应该真实、透明，他们会离开你的企业，去其他地方工作。这不是削减冗余，而是失去最优秀的人才——因为最优秀的人才将会最先离开。

真实坦荡的企业领导将会是未来的赢家。有勇气站在各部门老总、同行、团队和股东面前，真实清晰地讲述全部实情，将是所有领导面临的挑战。没错，这样的勇气会可能会受到攻击，但高素质的领导愿意承受这些打击，继续推进企业发展。这就是企业所需要的领导。他们对激发企业最大资产——人类能量起着至关重要的作用。

谈到勇气，我想起了 1997 年苹果公司的广告，"致敬疯狂一族"：

"他们是疯狂的一族、不合群的一族、反叛的一族、捣乱的一族，他们不循规蹈矩，他们不满足现状。你可以尊崇他们，也可以质疑他们，可以赞扬他们或者诋毁他们，可是唯独不能忽视他们。因为他们可以改变世界，他们促进人类的进步，在有些人的眼中他们是疯子，而在我们眼中却是天才。因为，这些人足够疯狂，他们认为能够改变世界，而他们确实在这样做！"

强大无畏

我们不能单谈勇气而不谈恐惧。企业中处处有恐惧，它能催生不作为。如果你想要以良好的沟通去激励员工、推进行动并增加企业利润，恐惧是你最大的敌人。恐惧会让企业瘫痪。恐惧让员工无法进入最佳工作状态。恐惧将我们禁锢在我们不愿多待的笼子里。恐惧迫使企业花费不必要的钱财。如果你想要扩大收益、增加利润、产生能量，让企业赢得当今市场，那你必须给恐惧当头一棒。减少恐惧是企业有史以来最大的一次成本削减。消除有害恐惧是解除企业沟通束缚的唯一方法——如果你想增加人类能量，别无他法。

恐惧是导致领导不作为的原因。领导害怕被攻击，害怕冒险，因为他们害怕承担后果。他们会说：

我会丢掉我的金饭碗。

如果我跳槽了，就不会有这么好的待遇了。

我年纪大了，没精力转行了。

（如果被开除了）没人会要我的。

恐惧让他们不能成为高素质的领导，让他们无法推进企业亟待的积极转变，让他们不能大胆决策、不能说出（口头或书面）实情。如果你希望员工重新感觉良好、尽力表现，希望企业能够有健康的能量驱动，你别无选择，只能让领导者直面恐惧、有所作为。

企业培养有为领导的方式已经在前文中讲过。企业必须将对领导者高素质价值观的期望与他们的薪资挂钩——因为薪资是能力与品质的体现。企业必须确保每个领导者都收到能量的反馈，企业需要创建一个导师计划，这样领导者可以亲眼见证并学习有为领导的行为方式。不要跳过能量建设——这是与众不同的，是新鲜事物，领导者会因为缺乏认识而想要跳过这个阶段。如果你的企业存在恐惧，每个领导者都需要抓住机会，做些脱离舒适区的改变。这就是勇气——向着新事物前进，无论它多么可怕或未知，从而让生活更美好，让企业更成功。恐惧只是勇气的催化剂，把它放在正确的位置，须大胆一些。企业只需要大声说出恐惧，做好克服恐惧需要做的事——有所作为。

还记得第一章提到过的萨拉吗？那家高利润医疗公司的公关总监。在两次召回该公司最赚钱的非处方药期间，莎拉在说服高管承认召回是由于制造厂的失误上起了至关重要的作用。她写了一份公关策略，机智地将公司定位为关注消费者的诚信品牌，并且对企业所有人公开事件发生的全部细节。由于莎拉的勇气和坚定不移地坚持真理的作风，企业和莎拉都赢得了高度的尊重。员工不但没有愤怒地抨击企业，反而深受鼓舞、充满干劲，他们愿意为这个企业工作。因为这个企业为保护他人，不计代价向公众保持坦荡，哪怕可能会带来致命的后果。

企业中的沟通不仅限于各部门或各层级创建备忘录、简报和内部网站等内容，也不仅仅局限于安排会议和部门活动等。沟通涉及企业运作的方方面面，让能量得以输送和发展。

沟通及组成沟通的一切都是保证企业精力充沛的"空气净化器"。如果空气净化器的过滤器是脏的，所有这些精力残渣只是通过循环再次进入企业，就像飞机上被污染的空气一样——人们呼吸了有毒的能量就会生病。当你的企业的员工能量受损，他们就不能以最好的状态工作。这不仅仅会导致业绩下降，还会让最优秀的人才跳槽到其他公司。解决办法很简单：确保沟通过滤器是干净的。只要过滤器是干净的，每个人就都可以呼吸健康的能量，业绩会上涨。看着吧！你的银行账户的钱也会变多的！

现在是时候激活沟通的潜能了。沟通是你企业的"呼吸道"。当你确保每个人都能够理解并能够应用沟通路径图和非暴力沟通时，你的企业会变得健康且能够实现良性的沟通循环。

激活过程：绘制沟通路径图

绘制沟通路径图与第二章中提出的绘制目标蓝图过程相似，但这是在个人和小群体层面。在一个能量充足的企业中，绘制沟通路径图包括一对一对话，以及不管多么微不足道的书面消息或任何演示文稿的沟通模式。绘制沟通路径图可以确保人们对消息传递和反馈的过程清晰明了，并且让领导者在直接传达信息之前，彻底想清楚沟通的优先级和理由。

企业需要教会每个人绘制沟通路径的原因有二：一是因为它是一个基础的沟通过程，确保企业从上到下真实、透明，产生健康的能量流动。二是如果每个人都理解并认可这个过程，那么你的企业就创建了一个真实、透明的内部问责体系。你的企业还需要将绘制沟通路径图的技能纳入衡量绩效的审查系统中，制定更具体的问责形式，以期每个人能用产生健康能量的方式进行交流。这个过程对口头和书面的交流都适用。以下就是绘制路线图的具体过程。

第一阶段：**陈述你的真实意图**。这应该是你说出或写下的第一句话。意图就是此次沟通的原因。意图可以是改变思想、提供信息或产生行动。你需要确保你的意图是积极的。如果你不确定接收信息的人是否会认为你的意图有积极意义，请勿传播这样的信息。如果你还是传播了，人们会知道意图是不正当的，你会污染企业的"能量呼吸道"。

第二阶段：**告知前进目标**。如果沟通很成功，它会带领你们走向何方？人们了解了信息，那企业也同样了解了吗？每个人都喜欢在明确了解目标之前就跳到实现目标的方法——就像人们上车，然后开车了也不告诉他们要去哪里。在你跳跃到实现方法之前，你需要明确说出目标。

第三阶段：**绘制一个生动的目标蓝图**。即使是在一对一交谈中，你也要绘制一个目标蓝图。如果你没有，沟通若毫无成效也无关他人，只能是你的错。生动的目标蓝图描绘了目标看起来是怎样，给人的感觉是怎样，品味起来是怎样。这是帮助人们建立与消息之间情感联系的方法。当人们建立了情感联系，他们会愿意支持你。如果你跳过这个阶段，你所说的只是毫无感情的话语和没有实际作用的信息。

第四阶段：**给出路线图**。这个阶段你要分享如何到达你所绘制的目标。还记得开车去创新大厦见鲍勃却迷路的例子吗？如果你想到达目的地，你需要清晰地了解如何到达目的地。

第五阶段：**要求反馈**。要求输入并愿意纳入反馈——要达到目标，可能有 100 种不同的方式。如果你不愿要求和接受反馈，那就不要传达信息。充满健康能量的企业会推进相互交流。充满能量的企业清楚每个员工的反馈，无论员工在企业处在哪个层级，他们的反馈都很重要，如果企业想要顺利推进，就应该认真对待每个人的反馈。

第六阶段：做出承诺。无论这次沟通多么微不足道，每个人提出或接收信息都有它的作用，并且需要做出承诺——如果你不要求，他们不一定会这样做或者去遵守。承诺可以很简单，可以是同意去阅读信息，可以是完成一系列任务，或作为协助，并从上到下引起变化。无论怎样的承诺，如果你不要求，就永远不会达到你想要的效果。

第七阶段：做好自己的工作并不断跟进。你需要跟进每一个沟通过的人，让他们给你回馈或做出承诺。如果有人给你回馈，你需要让他知道你是怎样采纳的，或提供一些不能采纳的具体原因，这些原因必须有理有据，并且使每个参与者都理解。如果沟通的意图是产生行动，则后续需要明确说明进展。 一旦做出了承诺，请将承诺主要内容通过电子邮件发给所有参与者。最重要的是，让员工知道你多么感谢他们对实现目标所做的反馈和努力。

非暴力沟通（NVC）过程

企业需要教会每个人非暴力沟通，而不仅仅是领导者，这是一个强大的技巧，它被应用于 60 多个国家，致力于和平解决个人、职业和政治层面的分歧。它基于 4 个基本步骤，但实践过程远远超出这些步骤。虽然在一些快餐阅读中你可能读到过 NVC，但它并不是机械地"说和做"的沟通过程。此次沟通的意图是让这些步骤在日常交流中自然而然地发生——不管是私下交流还是职业交流。NVC 是一种思想意识，是有为的领导者展现的高素质价值观。 以下是关于基础步骤的简要介绍。

步骤 1：**客观观察。**从思想意识的价值来看，NVC 过程中的第一步就是能够在头脑发热的情况下客观地看待当前情况，再决定作何反应。该技巧教你如何消除主观干扰，看清当前环境。举个例子，你不要说"外面很热"，而要说"现在外面有 36 度"。人们不会就 36 度这个事实争论，但是可能会因"外面是不是真的很热""热到什么程度"这样的描述性词语辩论一整天。客观事实能够减弱主观判断——例如认为 36 度代表热。而判断可能会引起冲突、不必要的争论和不良情绪反应。

步骤 2：**排除情感因素。** 如果试图跨过情感或假装它不存在时，它反而会来得更剧烈甚至失控。人们很擅长逃避情感，尤其是在情感要求我们直面恐怖时。只有在你排除情绪干扰后，才能弄清楚你真正想要的东西——NVC 理论中把这个想要的东西叫作需求。

步骤 3：**坦诚需求。**这包括企业需求和生活中的需求——"我"需要什么，"他们"需要什么。我们都很累，其中一个原因就是我们没有满足自己的需求。在弄清楚如何排除情绪干扰之后，提出相关的需求是很容易的。核心需求可能包括幸福、与他人的联系，以及表达我们心中所想的能力。当你能够根据自己的需要说出你的情绪时，人们更愿意帮助你满足需要。

步骤 4：**提出请求。**不是要求，不是指令，也不是任务，而是请求他人满足你的需要。在提出请求时，请礼貌一些，不管你在企业中职位有多高，也不管和你交流的人级别有多低。要正确对待企业中的每个人——每个人都是有头脑且值得尊重的。另外，不管他们是怎样的角色，都有权拒绝你的请求，同时他们也有权向你提出请求，这一点可能与有些人的想法不同。这就是这个过程的绝妙之处。NVC 引起了直达根源的真正对话，平衡了尊重的竞技场，而且这样做会产生健康的能量，因为每个人都觉得受到重视。

听起来很简单，对吧？但是当你处于愤怒之中，或是心情沉重、身心疲惫时，这并不容易。这就是企业每个人都学会 NVC 至关重要的原因。如果你有意为你的企业创造一个良好的能源生态系统，这项技巧是必需的。如果企业中不是所有人都了解并使用 NVC，企业建立良好的能源生态系统失败的可能性会更大。有一本名叫《我们的话有分量：践行非暴力沟通》（*What We Say Matters: Practicing Nonviolent Communication*）的书可以帮助你和你的团队使用 NVC，该书作者是朱迪斯·汉森·拉赛特（Judith Hanson Lasater）和艾克·K. 拉赛特（Ike K. Lasater）。这是学习应用非暴力沟通的一本很好的入门书。

原则四：

激活目标潜能

你每天清晨醒来是否都在迷茫中找寻一样东西？它似乎在故意躲着你，你好像在和一个 5 岁的孩子玩捉迷藏？你是个完全有行为能力的成年人，却不停地被 5 岁的孩子打败，因为寻找让你心身疲惫。因为你知道这个东西就在你心中的某个地方，但你不知道它究竟在哪里，你越来越沮丧。事实上，你甚至问自己在寻找什么，你知道只要长时间努力寻找，就会找到它。你知道自己不能停止寻找，你也不想停止。这像个无名的困扰，但你知道一旦找到了这个东西，你最终会感觉良好。你将能自由呼吸，享受生活。该死，它在哪里呢？

　　我所说的寻找是指寻找你的目标——你生活的目标。你或许会想，为什么会在一本商业书里谈论目标呢？我买的可是本商业书，不是心灵鸡汤。因为现实是：你无法将商业经历从个人生活里剥离出来。你可以试一试，但不可能做到。我们的能量不会脱离我们，无论你在家、在上班、在车里、和你的孩子在一起，或是和你的狗在一起，都不会改变你的能量以及你是谁这件事。当人们不断寻找目标时，会变得筋疲力尽，很容易受到生活的困扰，这时候说出的话就会带有沮丧、疲惫和愤怒的能量。无论在家或在工作场所都是这样，这和你身处何地没有关系；如果你在寻找你的目标，

61 |

你的疲惫感会影响你所做的每件事。

寻找目标经常会和寻找有形的东西混为一谈。人们会这样说，"我在寻找它，我找不到它，它是什么东西呢？"不妨这样想想：它不是一样物件。目标不是个名词，而是个动词，你的目标体现在你如何好好生活。它不是一个等着你去寻找的物件。安东尼发现了这个事实后，生活发生了惊人的转变。

安东尼是一家中型制造公司的业务发展总监，他总是告诉人们公司只是制造汽车小部件和陈设架，仅用来组装发动机，没什么特别的。他的工作就是想出发展业务的新途径，获取新的战略伙伴，确保内部沟通、职场营销和销售团队良好协作。安东尼在这家公司工作了7年，他似乎挺喜欢这份工作。他常对朋友这样说，"我不做标新立异的事，我只是一直经营公司，而且我做得还不错。"

安东尼5岁时，有一个带橙黄色梯子的木质消防车玩具，是伯父送给他的。他记得自己小时候对这个玩具爱不释手，他还给消防车配音，赶赴"危险的"地方，从树上营救出无数只猫。每次有机会玩消防车都会让他感到无比自由，记忆中每天都如此。安东尼甚至会和消防车睡在一起，可见这辆消防车是他的最爱。

把时间快进40年，安东尼从事了制造业，平均每天工作12小时；他有一位交往多年的女友；他花时间运动，和朋友出去聚会。每天都是一成不变的事——工作，恋爱，有时间就和朋友出游，他还是喜欢这样的生活。他通常游刃有余，他喜欢"成功"的感觉。然而，在过去几年里，他的感受变了。这始于他工作压力的加大。他的业务中增加了5个新产品，他不得不加倍努力，每天多工作数小时；他起伏的恋爱关系让他对未来感到质疑；和朋友相聚成了奢侈的事。安东尼这个真心热爱生活的人开始变得急躁、沮丧和精疲力竭。

如今，每天醒来后安东尼不再心满意足地开启新的一天，他会问自己为什么要继续无休止地工作，他会质疑自己的恋爱关系，他不知道自己对生活有什么期待。他感到不满足，几乎对自我失望。他经常思考：到底发生了什么事？我为什么会有这样的感受？我只是想重新获得快乐。他的内心一直起伏不定，他对生活越来越不满，但他不知道明确的原因，也不知道如何着手改变现状。日子一天天过去，安东尼不断反问自己，但事情并没有改观。虽然生活中很多事都不像以前那样尽如人意，但他依然坚持着。好景不长，他生活的方方面面都被自己悲观而无奈的内心所左右。

几个月前，他无意中会回想起他的玩具消防车，却不知因何而起。他开车去上班的路上会突然想起玩具消防车冲到树上或沙发腿上的情景，他听见5岁的自己在说，"冲啊！"想到这，他一路上都笑得很灿烂。到办公楼后，为了不让人发现他在想消防车的事，他会摇头努力甩掉刚刚的念头。有时他想起让自己开心的事甚至会感到内疚。

安东尼日复一日地工作着，竭力不让自己憧憬更心满意足的生活，一丝念头也不行。他不断地为逃避痛苦的现实生活找借口，他全身每一个细胞都在催促着他改变，他的念头和情绪没有消失，他对生活的憧憬不断浮现，找寻当下的快乐变得越来越难。工作举步维艰，人际关系也越来越不顺心，好像有人在吮吸他的能量。他正在变成一个他不喜欢的人，有时他几乎快不认识自己了。

有一天，他突然感觉好像有人用他的消防车打自己的头，惊醒起来。还没意识到发生了什么，他就脱口而出："我不想过被义务和期望填满的生活，我不想要这样的生活。我想像以前那样开心地起床、上班，我想按照我想要的方式生活，而不是这个世界上其他人告诉我的生活方式，我想享受生活中的一切，就像我喜欢那辆该死的消防车一样。"就在那天，安东尼改变了，他开始重新享受生活。他不再努力为他人而活，他开始为自己而活。他重新掌控了自己的生活，做出了健康的改变，这让他重新获得了快乐。安东尼抛弃了那些阻碍他的东西，又增加了一些他一直想要的东西。在这个过程中，他找到了让人捉摸不透的"它"，就是他的玩具消防车——为目标而活。他再次有了生活的积极性，包括他工作在内的所有的事都因此受益匪浅。

安东尼和你企业里的员工没什么两样，许多员工郁郁寡欢是因为他们现有的生活方式并不是他们真正想要的。企业里的每个人都想找到自己的"消防车"——充满目标和意义的生活。当他们有目标、有意义地做事时，就没有他们不能完成的事。现在，越来越多的人在寻找他们的目标，不遗余力地让自己重新获得快乐。你的员工早上醒来时会对自己说："我不想生活中充斥着义务和期望，我甚至不想要这样的生活。我真的想像以前那样开心地起床、上班。"如果你的企业不能帮助员工"展翅飞翔"，员工会辞职，去一个可以实现自我生活目标的地方工作。

最优秀的员工会先离开。他们走到一个临界点后，再丰厚的薪水对他们来说也无关紧要了。他们到达一个崩溃的点后就会离开。如果你想通过增加健康能量来做强你的企业、激励员工、驱动企业利润，你必须为员工创造机会，让他们凭借自身的能力和方式成为公司的一分子。你必须为员工创造留下来的经历，因为成为企业的一分子让他们感觉良好。员工们需要坚定地相信企业把他们的最大利益放在心上。

用健康能量做强企业的唯一方式就是让员工真正地体会到企业在帮助他们实现目标。当企业帮助员工实现目标时，员工也想帮助企业实现目标。此时，你的企业必须是一个正常运作的能量生态系统，除此以外别无他法。企业里每个员工的目标都首当其冲，没有例外。事实上，你也不想有别的方式，因为员工如果能在你的企业实现目标，那么企业的利润会翻倍增长。员工通过实现自我价值所产生的能量等同于你需要推动企业实现目标的能量。

我并不是建议你扔掉所有的程序和系统，以便每个人找到自己的"消防车"。我也不是建议让你的每个员工过于自由，企业像摇滚音乐节那样混乱（虽然那样挺有趣）。我是建议你认真看一下你的企业，它是否为员工提供了找到目标的机会，运营模式是否灵活，以便员工可以将个人价值体系融入工作中。为了建造一个健康的能量生态系统，你得为员工创造发现目标的机会，也要创造实现目标的灵活模式。帮助你的企业提供这种机会和灵活性的过程叫作"目标行动"。该行动是一个重要的支持系统，旨在为你的员工提供健康能量——让你的员工更好地参与工作。这是一场个人的运动，鼓励人们成为真实的自己，真实地向企业展示他们的健康能量，并把健康能量重新投入到企业中。

激活过程：目标行动

你的企业帮助人们实现了目标，他们也想帮助你的企业实现目标。实现能量企业的黄金法则是：你得帮助员工发现他们的目标，然后你需要为他们创造一个可以让他们安全展翅飞翔的环境。

如果人们没有安全感，没有得到企业领导的支持，这个过程就不会生效。如果领导还没有发挥作用，就需要优先考虑领导职能的问题。企业的精神领袖首先得有健康能量，企业才能希望员工可以排解出有毒的能量。

绩效目标行动帮助企业里的每个人确定真正的人生目标,让人们有机会在工作中实现自身的目标。这一过程可能需要一年的时间,目的是通过一系列的体验帮助人们发现并实现他们的目标。该行动的成果是企业开始在健康能量的沃土上茁壮成长,员工在工作中变得更高效、更有成就感。该行动基于以下3个核心体验:

1. 价值探究。

2. 信条。

3. 活出"它"(目标)的精彩。

价值探究

第一阶段叫作价值探究,用时一个月。体验的目的是让企业的每个人都能够识别他们的个人价值,明白为什么他们的价值很重要,发现生活中如何去实现价值。其结果是,企业中的员工开始看到并承认自己是独一无二的个体,他们都值得拥有健康的能量,以及喜爱的方式生活。价值探究是该运动的起点,将为其他的运动奠定基础。

价值是我们如何命名我们认为重要的东西,也是给予我们潜能的东西。就像面粉和鸡蛋可以做成蛋糕一样,价值也是构成我们目标的要素。你得问公司的每个人:"你的价值是什么?"不是指企业的价值,也不是指某个领导的价值。这是人们弄清自己人生目标的基本步骤。记住,作为企业的领导者,你不要为企业的利益提问,你的提问只是在为员工创造自我发现的机会。

在员工说出自己的价值之前,问他们以下自省的问题。他们回答问题后,让他们明确指出答案中的价值。在回答完每个问题后,员工通常能够提出至少3个核心价值。为了让员工回答这个问题,你需要在这个过程中引导他们，并在整个探究过程中为他们提供个人支持（本章后面你会看到企业怎么将价值探究过程融入内部营销计划中）。

• 你生活中最重要的事发生在什么时候？为什么这件事很重要？这件事和谁有关？当时的视觉、触觉和听觉是怎样的？说了什么话或写下了什么话？你感觉怎么样？为什么会有这样的感觉？哪种价值受到尊重或赞赏？

• 描述一下你感到委屈的时刻。什么人或什么事让你感到委屈？环境的视觉、触觉和听觉是怎样的？说了什么话或写下了什么话？你感觉怎么样？为什么会有这样的感觉？哪种价值不被尊重或招致伤害？

以下列举的价值摘自库泽斯（Kouzesm J.）和波斯纳（Posner B.）的《领导力挑战》（*Leadership Challenge*）一书，可作为参考：

• 志向：抱负，勤奋，努力。

• 宽广的胸襟：开放，灵活，接纳。

• 关怀：感激，同情，爱，养育。

• 能力：能干，精通，有效，高效，专业。

• 合作：协作，团队精神，有求必应。

• 勇气：勇敢，大胆，无畏，决心。

• 信任：可靠，认真，负责。

• 决意：专注，坚定，执着，目标。

• 家庭导向：关系，亲密，爱。

• 公正：坦诚，客观，宽容。

• 前瞻性：高瞻远瞩，深谋远虑，方向感。

• 成长：不断学习，发展，成就。

• 正直：真实，诚实，值得信赖，有个性。

- 想象力：创意，创新，好奇。

- 独立性：自力更生，自给自足，自信。

- 鼓舞人心：积极向上，热情，精力充沛，对未来充满信心。

- 智力：聪明，缜密，睿智，反思，逻辑。

- 忠诚：忠实，尽职，坚定不移，奉献。

- 成熟：经验，智慧，深度。

- 导师：指导，发展。

- 革新：变革，创造。

- 自制力：克制，自律。

- 直接：坦诚，直率。

- 灵性：相信和尊重比自己更伟大的东西。

体验的目的是让人们找到生活中重要事项的根源，这样他们才会在更多的工作中找到能量，又将健康能量投入到企业中。生活中人们"最重要"的时刻就是他们的价值得以体现的时候。当人们感到委屈或受伤时，情况则恰恰相反。人们反思这些时刻后，就更容易确定哪些价值对自身重要，从哪些价值中获取了能量。确定自我价值即是回到了每个人都在问的问题：我的目标是什么？

事实是，每个人都应该寻找个人价值，而不是目标。找到目标并不难，困难的是要有勇气根据自己生活的价值做出选择。如果你这样做了，会突然惊奇地发现自己的目标，原来"它"就在那里。为了有效地阐明这一点，我来讲述一下我的故事，我是怎样找到"它"的。以下是我如何找到我的"消防车"的一些经历。

我第一次做这种价值探究测试时，一直在找一个大大的"它"。我坐在工作坊里，职业师拿出了一份价值测试。我心想，无论怎样，这会是一次有趣的测试吧，我相信我们会找到不错的东西。记住，我一直在寻找"它"。因为我还要做别的事，我想在下午 5 点前就找到我的"消防车"。

职业师说："花点时间看下桌子上的价值表格吧，选出你认为最重要的。"我看了大约 5 分钟，做出了我的选择。我的好胜心让我觉得在大家面前做选择很自豪，因为我很了解自己。对，是这样。

我们选择好后，职业师带领我们通过一系列问题开始探究生活体验。我认真地回答了每一个问题，没过多久我就目瞪口呆了，在座的每个人都听见我大声地喘气。我看着自己最初所选择的价值，才发现它们并不属于我。但这并不是令我震惊的地方，令人震惊的是我很了解自己，我所选出的价值却是我的老板、父母和某些家族成员价值的集合。我坐在那里盯着一张新的价值表格，不知道怎么填写。就在那一刻，我意识到我根本不了解我自己。我过去的生活一直在取悦身边的人和事，却忘了自己。

后来我顺理成章地发现了自己真正的价值所在。我终于明白了什么对我来说很重要，我找到了一种方法来解读我内心一直以来的真实想法，这很容易。以下才是我震惊的地方：我发现我的价值后，还发现我的生活中只有 5% 对我是真正重要的。我对自己说："哦，该死。"就在那一刻，我知道我的生活即将迎来巨变。

我要说清楚的是，这种"巨变"不是一夜之间发生的。事实上，它花了整整 8 年的时间。诚然，并非一切都安排得很好，我也没有总顺应潮流。如今，回顾过去，我知道正是因为我认识到并明确了正确的生活追求，才促成了很多事，才成就了今天的自己。因为只有我们把目标融入世界时，才能发现惊喜。

以下内容讲述了我的真正价值。有的人或许和我有一样的价值，但理解不同，这没关系。没有人可以告诉你怎么正确定义你的价值，只有你自己可以。

（1）精神上：相信和尊重比我更伟大的东西

对我来说，思想领域的重大觉醒让我认识到，我应该保持谦虚和不断进步，因为在很多伟大的人物面前，我实在是太渺小了。对有些人来说，需要通过不断地利用已获得的成绩来变得自信。但对我来说，摆正自己的位置，不断向着更高目标进发则更为重要。相信自己是人群中的佼佼者会埋没我的潜能。当我欣赏许多领域成功人士的事迹，而不是错误地在自己的领域故步自封，我感到更充实、精神更集中，可以给予世界更多的东西。当我允许自己把世界上的每个人看作学习对象时，我获得了更多的潜能。通过这样的心态，我和比自己更伟大的东西建立了联系，我尊重它们，我变得更加慷慨、友好，更加理解自己所面对的逆境。我允许自己摆脱内疚感，摆脱对别人看法的焦虑，摆脱社会约束。我知道不断成长对自身的意义，所以我改变了生活中与此不一致的事情。那是我开始重新获得能量的时刻，那是离明确生活目标更近的时刻。

（2）真实：真诚地面对生活，坦坦荡荡，毫无保留

这是我的价值观，它在我毫无防备时出现了。我以为它会很容易被识别。当然，我认为坦坦荡荡，毫无保留，真诚面对生活，这些很重要。这些就是我的生活状态，很容易做到。但事实上，我到最后才发现这个引导生活的价值观。

有一天我参加了一个心理方面的培训，由一个新的咨询师主持。我心想这会很有趣，我可以免费参加新的训练，由她来做这些事而我得到放松，

何乐而不为呢？她做得不错，阅读了手册，训练有条不紊地进行着，确保她做的每件事无误，然后事情发生了。她对我说："你的情感遇到阻塞。"我心想，的确是这样，虽然我一直假装我处理了所有问题。她继续说："这影响了你宽恕的能力。"我又开始思考，我认为我处理了那些问题，就能免受影响，那是怎么回事呢？她接着问我："你宽恕你自己吗？"我看着她，心里想，该死。

在经历了一番内心挣扎之后，我深深地吸了一口气，回答了这个问题："我没有宽恕自己，我想这是件挺好的事，是的，那我又要原谅自己什么呢？"她只是面无表情地看着我说："所有事。"那一刻，我真的无话可说了："噢，好吧，很有道理，我会那样做的，谢谢。"然后她就离开了。

她离开后，我像个小孩一样哭了。和这个新来的咨询师接触后，我经常这样号啕大哭。结果是我认识到自己没有真实地生活，因为我没有真实对待自己。我发现真实对待自己的唯一方法是原谅自己，原谅每时每刻在生活中不完美的自己。因为只有原谅了自己，我才能跳出自己。只有跳出自己，我才不会想起我不喜欢的自己，我一直在对自己撒谎，我是一个骗子。这不是我想要的真实的生活。

所以我承认我没有活在真实的价值中。在宽恕自己之前，我面对这个事实，为了保护我的罪恶感和羞耻感，我会选择放弃我的健康能量，每天如此。原谅自己之前，每一天就像一盘棋，我慎重地说话行事，表现出虚假的一面，确保没有人"发现真实的我"——每一天结束我都感到筋疲力尽。

为了活在真实的价值中，我不再问自己是否做到真实地面对生活、坦坦荡荡、毫无保留。相反，我只问是否真实地对待自己，因为我才是唯一要紧的人。我知道生活就是一面镜子，我们经常投入到生活中的能量会直接反射到我们身上，事实上我也同时为他人而活。那是我开始重新获得能量的时刻，那是离明确自己生活目标更近的时刻。

（3）导师：为他人提供指导和发展建议

从我的职业生涯开始，我发现自己在公司业务中扮演着非常重要的领导角色。企业就喜欢我这种积极能干的人，为了让我努力工作，公司给我高薪，给我不错的头衔，还有独立的办公空间。我不断地为企业创造价值，企业也不断提拔我，给我头衔。这听起来不错，对吧？有趣的是，每当我进入一个企业，我会在团队中扮演这样的一个角色，我每天都和大家一起工作，从零售业务到管理战略团队，我还很享受。我每天都为别人提供指导和发展建议——我享受当导师的感觉，我从帮助别人的过程中得到了最好的成绩。

所以我一直得到提拔，而我一直觉得不错，因为他们一直给我高薪水和高头衔。问题是，职位的晋升把我放到了一个隔绝的灰色地带，我必须处理很多电子数据表，从上午 8 点到下午 5 点都要开会，花数小时在会上听人们谈论电子数据表。相比之下，我真宁愿嚼一把生锈的勺子。让问题更糟糕的是，我真的很擅长这样的工作。正是我擅长的事吸走了我所有的健康能量，他们不停给我机会做更多的表格，我希望对企业有更重大的影响，所以我一头栽入工作无法自拔。为了让我的工作更有难度、更有束缚，他们不断给我加薪。我每天离开办公室时都感到身体被掏空。

这样的周期出现了 3 次，我才明白发生了什么事。2006 年，我迎来了一个决定性时刻——我走到了一个分岔路口。我被解雇了，但公司给了我一个选择：如果我愿意换一个新的岗位，我就可以留在公司；否则我就拿着遣散费离开公司。我说更清楚一点，拿遣散费并不是件光彩的事。我得到了 4000 美元，有机会获得职业救济金，还有 30 天的离职缓冲期。由于生活的挥霍无度，我没有储蓄，数不清的账单刷爆了我的银行卡。所以我一开始就决定去企业面试我的下一个"理想工作"，在别处找一个公司上班。面试过程非常顺利，我是最棒的候选人。我还有几个去其他企业工作的机会，形势看来还不错。

一天早上，我喝着咖啡，看着每个人走进办公室。大多数人每天工作12 小时，有些人得在早上 7 点送孩子上学，下午 6 点半去接孩子。有些人为晨会准备了电子数据表，并不停地强调别人将怎么看待这些数据表。人们为了"金手铐"放弃了梦想。接着事情发生了，我大声地说："哦，天啊，这就是我！我就是僵尸，我选择了'金手铐'，我就是一直强调数据的人，我不想成为一个僵尸，我不想再像僵尸一样生活了，我想过真正的生活！"

那天，我决定辞掉传统意义上的工作。要知道，我喜欢在企业上班，但我知道在那一刻，在任何一个企业里工作都不会赋予我尊重自我的健康能量。对有些人来说，在企业工作正好尊重了他们所需要的价值，那很好。但对我来说就不是。所以我把自己从我的"理想工作"面试过程中抽了出来，告诉自己也不要其他的面试机会，我开始做自己的事业，就是在企业中为别人提供指导和发展建议，这才是真实的我。

要明确一点：从我以前的职业生涯中跳出来并不是件容易事。我经历了身份危机、情绪低落、经济拮据，一些重要的关系也面临挑战。但我的这些经历是拿什么都无法交换的。因为 7 年后的现在，我因为选择跳出以前的圈子、尊重我的价值，我全身充满了健康能量。我选择尊重真实的自己。现在，每天早晨醒来，我知道我在对自己说真话，我的生活不会与我的个人价值违背。我跳出过去的那一刻是我开始重新获得能量的时刻，那是离明确自己生活目标更近的时刻。

（4）成长：不断学习，发展自我，自由地实现目标

我曾经认为自己无法坚持做一件事。不论是在工作中或我的个人生活中，只要我做的事落入坚持的模式，我的健康能量就从我身上消失了。我变得昏沉而沮丧，通常花 1 个小时做的事，我要花 8 个小时，每天都要和拖延症做斗争。甚至"坚持"这个词都会让我觉得像黑板上的钉子。问题是我对"坚持"这个理念的蔑视给我的生活造成了破坏。我应该把坚持这事解决掉，我要这样做吗？

我最终把成长作为我的个人价值，而且能描述它的含义，之后发生了两件事。一件事是，我认识到当我听到"坚持"这个词时，我的大脑里在说："你得停止不断学习，停止发展自我，停止自由地实现目标。"这句话一进入我的脑海，我就陷入了叛逆的状态。"好吧，如果是这样的话，我就什么都不去做好了。"这很让我沮丧，因为我知道坚持是十分重要的。事实上，我想把坚持作为我的个人价值——但它不是我的价值，这没关系。这样的认识带来了第二件事：我对所发生的事情负责，然后我改变了。

我开始承认，做需要坚持的事耗尽了我的能量。原因如下：坚持本身没有耗尽我的能量；我的能量被耗尽是因为在一些和目标无关的事，我浪费了宝贵的时间。从本质上说我是对的，但我需要弄清楚如何改变这种情况，我不想把能量投入到与我的个人价值无关的事上。

我开始诚实待人，向人们寻求帮助。我不再试图自己打造成方枘圆凿的人。美好的事发生了：人们开始感谢我的诚实，他们告诉我，我能认识到哪些东西能给我能量、哪些东西不能给我能量，这很不错，我也尊重我对自己的承诺——我不会做任何与我的价值无关的事。那一刻是我开始重新获得能量的时刻，那是离明确自己生活目标更近的时刻。

（5）重生：成为有感染力的人

这是我生活中最容易体现的价值，因为这就是我本来的样子。我们都有一个和目标差不多的价值，你说出你的价值后，你的目标就会显而易见。我是一个有感染力的人。我做的每一件事，我喜欢的每一件事，都和支持人们向更好的状况进发有关。只要我在做和变革有关的事情，我就会散发出健康的能量，让我周围的每个人都受益。

一旦我说出我的价值，我就能找到我的目标，然后我就可以说出"它"。生活中的每个责任并非都在我们的目标范畴内。例如，我仍然不喜欢整理院子，我不喜欢行政工作，坦白地说，我讨厌洗衣服，但我做这些都是因为我必须这样做，而不是因为这是我生活的目标。话虽如此，我最后能够有 90% 的生活与我的目标一致，那我每天醒来就会对生活充满期待。当然，我仍然会感到很累，但因为做自己喜欢的事感到累是和耗尽你能量的事是大为不同的。想想你最近一次花几个小时做自己喜欢的事情吧。我最终找到我的"消防车"后，生活、工作、人际关系和所有事都开始变得有趣了，我开始向世界投入健康能量。

我的生活目标是让这个世界变得更美好，以此来改善人类的健康和福祉。通过践行自身的价值，我正在完成我的目标：相信和尊重比我更伟大的东西；真诚地面对生活，坦坦荡荡，毫无保留；确保每天为他人提供指导和发展建议；求知若渴地学习，发展自我，自由地实现目标；最后催生变革。

（6）企业怎么把价值探究转化成行动

利亚是一家消费品企业的商业分析师。她的企业刚刚完成了一个月的价值探究活动，活动鼓励每个人提出他们最重要的价值。这项活动始于一个放在内部网主页上的问题："你个人的价值是什么？"不用解释，只需要简短的回答。起初利亚怀疑这只是另一种让员工更努力工作的策略。然而，这个问题引起了她的注意，她发现自己答不上来。我的价值是什么？我不知道。她关闭了主页，去参加下一个会议。

第二天早上同样的问题仍然在内部网的主页上，她查看电子邮件时，收件箱里有一条信息，询问了另外一个问题："你生活中最重要的事发生在什么时候？为什么这件事很重要？这件事和谁有关？当时的视觉、触觉和听觉是怎样的？说了什么话或写下了什么话？你感觉怎么样？为什么会有这样的感觉？哪种价值受到尊重或赞赏？"她认为这些问题很简单，最重要的就是 3 年前我的家人来看望我，那太棒了，我的哥哥还带来了他养的狗，我们一个周都在到处玩、露营，就像我小时候那样亲近自然。家里人都如约而至——一个也不少。我永远忘不了这个场景，每天早晨醒来，闻到春天露水的味道；烧焦的咖啡稠如泥土，但味道非常好，因为我们都太需要咖啡因了。现在我知道了，人际关系和家人对我来说比一切都重要。如果我没有时间和家人在一起，或者在工作中失去有意义的人际关系，那一切都像是琐事，我也没有能量。

第三天，利亚走进办公室时真的很期待邮箱收到新的问题。如她所愿。这条消息有个非常直接的主题："你告诉谁了？"她想，什么情况？她打开邮件看到："你要给谁讲你的价值？"她大声地说："你真的想让我告诉别人吗？我不想这样。"她关掉屏幕后，开始了一天的工作。

第四天早晨，她的桌子上有一张卡片，卡片上照片中的人看上去很幸福，也很俗气，让她大笑起来。她心里想，笑总是我开启新生活的好方法。她打开卡片看到留言："去问一个人，他或她今天的价值是什么。"她心想，好的，这些人还真不放弃呀。

那天她和她的朋友帕特里克一起去吃午饭。谈话中，她想起了卡片，心想：我是怎么回事呀？她问帕特里克是否收到了一张卡片。他的回答很简单："是的，我收到了卡片。"利亚有点恼火，继续说："你要和人分享你的价值吗？"帕特里克露出个奇怪的表情，然后开始分享他的价值。结果我们谈了半小时。走回办公室的路上，利亚和帕特里克都觉得他们聊得很棒，想知道他们明天是否会收到另一张卡片。

第五天，停车坡道上张贴了一个问题。公司的内网上也有同样的问题："它长什么样子？"她想，这是什么意思？它是一种价值，而不是一种经验。她打开邮箱看到的主题是："说真的，它长什么样子？"利亚打开邮件后，问题更具体了："你的价值长什么样子，有怎样的触觉或听觉？如果把你的价值拍成电影，情节会是什么样的？"这个问题难住了利亚，一整天她都在思考这个问题，她甚至在床上都在思考这个问题，想出电影情节后她才能睡着。

星期五利亚很兴奋地给帕特里克分享自己的电影情节，她还用他的名字给电影中的人物命名，她对自己很满意。

她走向办公桌时，看见几个人拿着摄像机到处走，她心想：这在干吗呀，我怎样才能尽可能快地溜到我的办公桌而不被人发现呢？当她经过拿着摄像机的人时，营销团队的一位女士走过来对她说："你好，利亚，你介意我们问你一个简单的问题吗？"利亚说："当然。"尽管她还没想好，他们总是那样说，但从来都要问半天。

利亚真正知道是怎么回事之前，摄像机打开了，她正在接受采访。她心想，我就知道不会很快结束。难道真的要在我没有化妆的早晨采访我吗？营销团队的女士问利亚对本周的价值体验有什么反映。利亚分享了她最初的反应，还谈了一点那天午餐时和帕特里克的交谈内容。然后那个女士接着说："你可以分享一下你的价值吗？你想出了电影情节吗？"利亚实际上对自己设计的电影情节很满意，所以她开始回答这个问题时甚至忘了有人在拍摄。"我决定这个电影的主题就是我这周发现的两个价值：家庭和承诺。电影发生在一个叫欧扎的星球，上面迫切需要食物供应，或营养丰富的土壤来种植健康的食物。欧帕克和提洛两个当地人为了寻求解决方案决定离开这个星球，他们给家人承诺会安全回家。故事讲述了他们的冒险经历，家庭和承诺的价值怎样影响他们对彼此的忠诚，以及是什么促使他们不惜一切代价保护彼此。他们所做的每一个决定都受到这两种价值的影响，价值帮助他们坚持和战胜路上的危险。"

这个女士被她的描述打动了，问道："你有如此精彩的电影情节，你怎样在工作中践行你的家庭和承诺的价值呢？"利亚惊讶地说："哇，问得很好，我想我会开始把每天和我共事的人看作一个家庭，如果我开始感激他们，我应该会更加喜欢和他们一起工作。就承诺而言，我要确保让人们知道价值对我有多么重要。准时出席会议，按他们所说的去做事对我来说意味着整个世界。只和那些守信用的人在一起，这会给我能量，让我想待在这里。"女士笑了笑说："就拍到这里，谢谢你积极参加这次体验，利亚，你留意一下。这次录像将于星期一在内部网上发布。"

果然，星期一的早上，视频上传到了内部网。销售团队那天抓拍了50多个视频。令利亚吃惊的是所有视频都很棒，有的电影情节很精彩（但她依然认为自己的最棒）。那个星期一，问题又来了，但这次空气中弥漫着更多的嗡嗡声。每个人都在谈论这些录像。对自己的价值人们采取越来越开放的态度，实际上，他们乐在其中。

第三周，每个团队都开展了聚会。有的相约去吃午餐，有的去酒吧度过"欢乐时光"，有的在办公室里欢聚一堂。聚会时，团队谈论体验，分享彼此的价值，给最佳导演情节投票。第四周，人们有机会看到行政领导，每个人都可以和领导分享个人价值，他们的价值为什么重要，他们怎样在企业中践行自己的价值，以此来重新点燃他们的能量。领导们也分享了他们的价值，很多人都是第一次看到领导本人。

大家都很感激企业在价值探究中投入了如此多的精力，而这一经历正是为他们提供的。这是大家第一次觉得企业领导真正把人放在经济效益之前，他们迫不及待地想知道下一个步骤是什么。

信条

目标行动的第二阶段叫作信条。这个阶段需要 3 个月的时间，在这个过程中，人们把所有的价值整合在一起，说出他们的目标，并承诺开始尊重他们的目标。3 个月后，企业的每个人都会有一则个人信条，一个关于如何在生活中践行价值的具体计划，还能够讲述他们将如何以一种获取健康能量的方式生活。

在第一个月期间，企业的每个人在网上发布他们的信条，并附上个人照片。团队里的每个人分享彼此的信条，互相鼓励，互相帮助，彼此精确地表达信条。每个团队通过录像分享他们的价值，这些录像记载了他们的故事，和以上提及的例子类似，讲述人们怎么知道哪些价值是重要的及原因。故事需要发布到网上。

在第二和第三个月里，企业中的每个人都会制订他们的具体行动计划——如何在生活中践行自身的价值。有些企业可以在内部网上创建一个私人页面，供团队发布计划、分享想法、互相支持，类似于第二章谈到的线上公告板。

对于人们来说，这不是一个容易的过程，所以他们需要支持。企业需要提供导师或训练有素的职业师，向他们提正确的问题，挑战他们，并确保他们在这个过程中保持真实的自我。如果你的领导很有能力，就能胜任这个工作；如果做不到，你需要雇佣一个合适的人。

在第三个月快结束的时候，人们对他们的信条和计划感到满意，企业的每个人都录了一个视频，公开个人信条，讲述他们怎么践行自身的价值，怎样尊重自己，重新获得生活的健康能量，他们还可以把健康能量带入到生活中。视频会发布到内部网上。以下是个人信条的范例，每个声明将遵循相同的格式。

我的生活目标是让这个世界变得更美好，以此改善人类的健康和福祉。通过践行自身的价值，我正在完成我的目标：

精神上：相信和尊重比我更伟大的东西。

真实：真诚地面对生活，坦坦荡荡，毫无保留。

在行动中，我会……

导师：为他人提供真正的指导和发展建议。

成长：求知若渴地学习，发展自我，自由地实现目标。

在行动中，我会……

重生：成为有感染力的人。

在行动中，我会……

活出"自己"的精彩

这是活动的最后一个阶段，只有企业里的每个人都成功创建了调整计划并发布个人的声明视频后，才会进入这一阶段。这一阶段需要 8 个月的时间，要知道人们有 8 个能量系统需要在清理完有毒的能量后恢复平衡，进而重获健康能量，把健康能量投入到企业系统。该过程体验的结果是，人们在企业的支持下活出自己的精彩。每个员工每月参与 2 次专业人士的能量课程学习（共计 16 次），员工的调整计划整合到企业活动中，在第 8 个月举办一个庆祝会，肯定每个人的辛勤工作和进步，以此结束此次活动。

（1）能量调整

为了活出"自己"的精彩，人们需要帮助恢复能量，用健康能量补充系统，人们还需要学习怎样管理和保护他们的个人能量。正如第一章讨论的，能量调整影响我们身体的能量流动，会给我们的思想、情感和行动带来积极影响。经常练习能量调整可以改善个人能量流动，减少疲劳，提高生产力，增强适应能力——有机会体验成长的质变，开始过高品质的生活。为了充分运行企业的能量生态系统，企业的每个人都需要发挥作用。

（2）调整计划

在这个阶段，制订调整计划（人们怎样在企业的发展中践行自身的信条），调整团队要给予支持。这些团队由企业各个领域的人组成，每个月开一次会，开会是为了让人们分享如何把调整计划融入生活。8 个月的历程中，谈话让人们有机会讲述遇到的挑战、肯定取得的成绩、互相的支持。

企业所有人每月必须去见他们的直属领导，这是为了获得支持和指导，将调整计划融入企业日常工作。调整计划可能引起职务变动，工作的再分配，和 / 或为团队策略增加额外计划。乐于改变、支持团队中的每个人，以及帮助人们想出推动计划融入企业发展的积极方法，这些是领导的职责。

这个过程的关键是预定的领导委员会，它是由 8 个不同职能领域的职能领导者组成。该委员会的设置是为了减少由于领导失职所导致的潜在威胁，委员会有权利介入并支持需要帮助的人，鼓励人们被直属领导挑战时直接寻求委员会的帮助。

（3）庆祝

为期 12 个月的绩效目标活动完成后，就是时候到庆祝的了。人们为了重获健康能量改变生活的努力应该得到肯定，他们积极参与新事物的巨大进步应该得到认可。这是人们与整个企业分享成功故事的时候，这也是人们为自己庆祝的时候。活动快结束时，企业可以选择如何庆祝，可以是大型活动或为结盟团队举行的特别聚会，无论怎样庆祝，一定要有意义！最后别忘了把大家的体验存档，因为充满健康能量，所以值得保存。

原则五：

激活关爱潜能

原则五与企业的"爱"有关，它掌管着信任、关怀和自由。这是最重要的人文关怀，它最容易被识别，但其能量也最难被平衡。企业的人文健康呈现了企业的态度，也通常被看作企业的凝聚力。你走进企业的某个场所，马上就会感觉出其是温暖还是冷漠。关爱让人们与企业发生情感上的联结，如果它受到负面能量的污染，人们会自动变得冷漠、散漫、拒绝任何变化，即便是微小的一点污染，也会带来巨大的影响。

　　如果你想为企业带来革新，企业必须有明确、平衡和循环的健康能量。如果不是这样，把想法和愿景变成现实就会越来越困难。你可以设计世界上最好的计划，建立最好的企业系统，雇佣最好的创新型人才，但是如果企业缺乏关爱之心，你的努力就会停滞不前。

　　要知道企业的关爱需要用心的力量，真是这样。当人们觉得他们真的能够给予和接受信任及关怀的时候，他们会打开心扉坦诚相待。有了信任和关怀，人们会真心希望帮助和支持周围的人。和人一样，只有企业员工不用担心产生恐惧和羞耻的后果，拥有真正的自由去创造、做自己并展示自己时，企业才会保持开放。

　　企业有了正能量的关爱，就有了崭新的面貌。当人们有了源自信任和关怀的自由，一定会有信心想要尽一切可能把愿景变成现实。因此，你需要让互爱互助的能量在企业中传播。

秘诀很简单，创造一个让人感到安全和免受感情伤害的环境，在企业的每一个人之间建立信任，并确保每个人都学会关怀他人。你只要做了这三件事，你的企业无疑会拥有强大的凝聚力。

改变旧模式

我从未见过一个不谈论创新需求的企业领导。大多数领导明白创新是进步的动力，而进步则是企业取得成果的途径。也就是说，许多领导所说的和他们对企业的实际经营存在着分歧。他们需要人们有新想法，但他们自己创造了带有条条框框的环境，限制了人们的创造力和进步；他们想要积极向上、蓬勃发展的企业文化，但他们自己却态度消极；他们需要合作，但他们从不花时间去赢得信任；他们希望公众认为企业有社会责任感，但他们自己却没有行动。企业的员工也认为他们缺乏爱心。要知道，想一套做一套是不会如愿以偿的。如果企业的模式不利于创新，那么缺乏创新的企业无法将想法和愿景变成现实。要么言行一致，要么自相矛盾，你得做个选择，如果你选择言行一致，就需要坚持到底。

换句话说，你付出什么就会得到什么，这是吸引力的基本定律。你可以看到企业每天都是这样运作的。如果一个企业想要创新，想要塑造强大的内在凝聚力，那么企业经营者需要建立有利于创新和积极态度的企业特质，即信任、关怀和自由。

如果领导没有树立信任、关怀和自由的模式，企业会不断产生更多行为失衡的管理者，他们会选择模仿，所以永远无法获得真正的创新和强大的凝聚力。这一点山姆深有体会。山姆接任了国际农业企业人力资本部高级副总裁一职，该企业在美国和欧洲拥有25万员工。在过去10年里，公司业务发展迅猛，但因工作环境艰苦而名声不佳，企业似乎并不尊重工作和生活之间的平衡。拿薪酬的员工在周末和晚上也要工作，企业对个人承诺置之不理，就为了"完成工作"。无穷无尽的项目甚至把员工的家变成了堆满文件的墓地，员工心中总是燃着一股怒气。领导们不停地花时间讨好上级，玩弄手段，而未专注于领导团队。这种官僚式的环境导致人们不愿提出新思想，除非受到高级管理层的命令。但即使是高层领导，也常常觉得自己已经成为任务的傀儡。

3年前，首席执行官认为企业需要更具创新性，请求山姆加入该企业。首席执行官知道如果要继续引领这个行业，企业必须开始崭露头角，为未来10年的发展铺平道路。山姆的职责是"修复文化，鼓励人们多参与，打造创新环境"，这并非易事。

所以，山姆做了很多在这个职位上的领导都会做的事：他把人力资本团队和相关高层领导召集起来，开展了为期两天的外出策略学习，旨在制定一个增加变革的3年计划；还请来演讲者激发听众的创造性思维。外出学习地点很现代，有充分的自然光，学习者手边有各种各样的学习材料。这个团队准备走向创新，并制订了一个可行的计划。

两天的课程结束时，每个人都对他们的计划感到非常满意。计划很简单，主要围绕典型的人力资源问题展开，例如参与度、沟通和领导力发展问题。其中，参与度是计划的第一个项目，因为一直以来企业的参与度得分不尽如人意。计划要求所有的企业领导制订一项个人行动计划，以改善各自团队的参与度分数，并把这些行动计划传达给上级，分数将被记入每个领导的年度综述里。计划目标是将参与度提高15%。

内部沟通是3年战略中第二重要的事项。该团队知道人们需要投入更多的情感到企业中，那就需要改善企业文化，所以他们创建了"态度行动"。该行动的目的是证明企业内的关怀、帮助是有活力的，并已渗透到企业内部，以此来彰显企业内涵。内容包括拍摄体现员工之间互相帮助、共同为公司出谋划策的视频，以及其他的文字、图像材料。所有内部沟通都将围绕此次行动展开，团队会议和领导沟通也要使用这次新行动的材料，因为制定内部沟通策略与参与度直接相关。

策略的第3个项目即最后一项就是领导力发展。为了推动创新运动，每个领导都要参加一系列特殊培训。系列讲座的研讨会旨在教授各级领导、不同的团队采用不同的创新技巧，以及产业通用的文化模式。策略团队和最高领导层都很兴奋，因为该策略考虑周全、切实可行。接下来就是准备、就位、行动。

6个月后，一切都进展得很顺利，团队也感觉良好。计划按时完成，策略团队坚持不懈，高层领导对产出的实质成果很满意。企业里随处可见沟通新运动的迹象。山姆对战略团队的表现十分满意。

团队达到18个月的指标后，问题开始出现了——敬业度分数仍然不尽如人意，事实上在某些领域还有所下降。态度运动变成了表面文章。领导们在团队会议期间分享了他们在创新研讨会学到的知识，但创新技术的实践似乎像研讨会结束一样迅速消失了。企业文化并没有好转。

这个团队没有放弃，他们认识到文化和敬业度不会一夜之间就改变。因为两年来结果都不理想，团队做了一些调整和修正，还增加了人道主义委员会。团队聘请了一家咨询公司，帮助企业设计一个全面转变文化的模式。3年过去了，企业取得了最稳定的成绩，但这远不及团队预计的结果或企业的目标，因为企业要维持其行业的引领地位，继续开拓市场解决方案，才能为今后 10 年的发展铺平道路。高级管理层山姆和整个策略团队都有同样的问题：下一步是什么？

山姆创造一个更具创新性的企业和改善文化的方法与大多数企业没有什么不同。事实上，近 20 年来，我看到同样的场景上演了无数次。当然，活动名称在变化，但企业试图改变的本质不变，挑战依然阻碍了企业的发展。每一个场景都缺少同样的东西：信任、关怀和自由。企业将所有精力投入到制订战略计划中，采取一切必要的手段。结果，书面上看起来很棒的计划，实际操作中情况却相反。这是因为企业没有把能量根植于信任、关怀和自由的环境中，也没有把能量投入到与人们的情感联系中。即使计划试图关注人们的情感联系，但如果企业的领导没有以信任、关怀和自由的方式与每个人建立情感联系，企业则不会获得期望的结果。

如果你再回过头看山姆的故事，"下一步是什么？"这个问题就不难回答了。我们知道这家企业没有重视工作和生活的平衡的问题。如果首席执行官真的想变革，提升文化，让更多人参与进来，那么他需要问一个不同的问题：企业如何能让所有的人，无论职位高低，都以信任、关怀和自由的方式生活？

每次我为战略研讨会提供帮助，或与一群领导讨论如何加大创新、提升文化，他们通常会花很长时间告诉我，为什么他们过去会对因为缺乏经验而造成的后果感到懊恼。大多数企业领导和山姆相似，都走了下坡路，他们都花了无数小时去"评估"问题。我总是喜欢听他们诉说，我会等他们说完整个故事才回答问题。我等待是因为故事总会以相同的陈述句和问句结束："这是我们的企业，下一步我们应该做什么呢？"

我的回答总是相同的，有时会说得更生动详细，但不管是哪个领导团队，我的回答都是："我非常清楚为什么你的企业在期待的时间内没有取得想要的结果，我有解决办法，保证起作用，而且成本消耗低，你们马上会看到期待的结果。我保证。"这时候，我引起了他们的注意。有的人在笑，大多数人拿起笔准备记笔记，我告诉他们需要做什么："今晚，你们下班回家的路上，每个人要去商店买一样东西——一面镜子。"这时候房间里总是变得很安静。我通常至少要等30秒，让每个人沉默后我才开始说话。我继续说："要知道，从你们身上能直接反映出贵公司和所有员工的面貌，而公司和所有员工也能直接反映出你们的面貌，如果贵公司不'起作用'或员工没有回应，你们就是问题症结所在。现在你们有一个选择，你们可以面对现实，认识自身就是问题，或者也可以回避它，这是你们的选择，但我会告诉你们面对问题所花的成本要少得多，而且会更加成功。"

我总是以一个问题结束我的话，等到房间里每个人都回答后，我才会说话："选择哪一个，面对还是逃避？"偶尔我会遇见有领导者站起来，然后走出去，显然他有"领导病"，他是企业不能运转和负能量泛滥的核心原因。通常情况下，房间里的人用另一个问题回答了这个问题："'面对'到底是什么意思？"这时候我知道"游戏开始"了。

还有一个场景有时会上演：否认。有些企业是僵化、麻木的，这是我的观察。这样的环境有毒，它所循环的有毒的能量足以摧毁整个企业。然而，企业领导总的来说是没有错的。他们仍然在寻求创新的帮助，他们仍然希望有一个健康的企业内核，但他们拒绝承认或面对现实，他们将永远不会得到他们想要的结果，除非他们知道如何运转企业，如何以信任、关怀和自由行事。如果这是你或你的企业，我建议你再把第一章中的领导功能测试做一遍。如果你的领导团队不愿意"面对问题"，你将无法前进，也无法为企业创建一个健康能量生态系统。要知道一个企业就像一个人的心：内心总知道真相，因为害怕面对现实而否认问题，其实对身体健康有百害而无一利。就像人一样，当企业终于愿意面对恐惧和问题时，就能向前迈进。

信　任

信任就是能够自由、直率、毫不犹豫地表达自己，因为有了信任，你会觉得有了免受耻辱、伤害或内疚的安全感。现在想想你生活中的人，运用信任的定义去看，你生活中的人处于你的信任曲线的哪个位置？我们都有信任曲线，我们把认识到所有人都放在曲线上的某个位置，也意味着你也在别人的信任曲线上。

在开始的交往中，大多数人会把别人放在信任曲线的底部，这表明大多数人对陌生人还心存戒备。然后，对他人有了"不错的感觉"后，你把人们在信任曲线上的位置往上移动。你越能自由、直率、毫不犹豫地表达自己，是因为你在那个人身边时觉得有安全感，那个人可能处在你的信任曲线的顶端——你会做任何事去帮助、支持他们，还会确保他们成功。当你处在某人信任曲线的顶端时会感到很神奇，当两人同时处在彼此信任曲线的顶端，会感觉到难以置信的奇妙，这是任何形式的终极关系。处在我们信任曲线顶端的人是那些为我们提供健康能量的人，也是从我们身上获得健康能量的人。

相反也是如此。我们生活中也都有这样的人，在他们身边时，我们不能自由、直率、毫不犹豫地表达自己，因为那样会没有安全感。生活中有的人让我们感到耻辱或内疚。这些人就处在我们信任曲线的底部。为这些人做任何事，我们都会自觉或潜意识地小心谨慎。这些人消耗我们的正能量，给我们填充有毒的能量，也从我们身上收到不健康的能量。

信任曲线对于人们来说如影随形，无一例外，在企业里更是如此。拥有健康能量生态系统的企业处在人们信任曲线的高处，企业在个人信任曲线的位置越高，能量就越大，这有直接的关系。企业要树立始终处于每个人信任曲线最佳位置的目标，因为只有这样，人们才会自由、直率、毫不犹豫地表达想法。只有这样，内部品牌凭借积极的态度蓬勃发展，企业才会实现创新的目标。

关　怀

不会关怀他人，你就不能得到信任。如果有人认为你不是一个懂得关爱的人，他或她会让你处在信任曲线较低的位置。因为关怀是真正的关心他人，是真诚的情感，双方的互相关怀会产生信任感。关心孕育了整个企业的信任、尊重和忠诚，并向每个人展示了企业的内涵。如果领导有关爱心，显然他们会关心企业如何影响个人和社区。关爱心会增加人们的参与度，留住最好的人才，让健康的能量在整个企业传播，它是信任的核心。

关怀是一个表示行动的词，是一个动词。如果企业公开表示将关怀作为其核心价值之一，那么每个人都会期望所有领导在所有事中表现出关爱。如果领导没有做到，企业就会造就滋生危害、怒气和失望的温床，正能量的害群之马将无处不在。如果企业表明对关爱给予重视，各级领导就应该将行动落到实处。如果领导没能兑现企业价值标签的承诺，人们除了期待领取基本工资外，不会想做任何事情。当时机一到，人们会趁机离开公司，到一个领导真正关爱员工的地方工作。

一些企业说："我们选择我们想要得到的价值，我们的价值是实现在未来生存的目标。重要的是，我们的价值表明我们正在努力改变。"这是相互的，这可能是企业的价值意图，但是，如果每个领导不能兑现公开宣称的价值，你会发现企业将不断地与文化、参与度及留存率做斗争。

也就是说，这么多企业将关怀作为价值是件很好的事，每一个企业都应该这么做。但问题不在于把关怀命名为一种价值。问题在于企业立志践行这种价值，而不是要求每个领导在工作中装出一副关爱员工的样子。

自　由

自由能把想法和愿景转化为现实。只有当信任和关怀存在，才会有真正的自由。

从政府到企业，"自由"这个词唤起了情感并创造行动。如果自由被剥夺，它就会以沉默或爆发的方式制造反抗性的毁灭行动。如果有了真正的自由，事情就会顺利发展，人们会有独立行动和创造的能力。如果想要企业传播健康的能量，请鼓励人们提出新思想，展示出好的态度。

给人们自由意味着让他们自由、直率、毫不犹豫地表达自己。真正的自由会让你有免受耻辱、伤害或内疚的安全感。从小型的百货商店到大型国际集团，企业争取自由的战争每天都在上演。人们想要自由，很多领导害怕因此失去控制权。这场战斗可能会变得非常激烈，就像在工作场所爆发第三次世界大战，不同之处在于人们不会亲眼看到战争发生，只能感觉到，他们甚至不知道这是一场战争。他们把这场战争叫作照常营业活动。

我喜欢这个表达——照常营业活动。这是我从领导者口中听到的我自己最喜欢的一种奇怪的表达："我们想要绩效，我们想要人们充满活力、多多参与，我们想要创新，我们想要人们呈现出积极的态度。但我们想遵循传统、规范、等级分明的文化，这种植根于标准操作流程的文化是为了使机器运行。这是优秀企业的经营方式，也是挣大钱的方式。改变很好，但它必须符合我们的照常营业活动。"我敢保证，当你说出这番话时，台下的听众估计都睡着了。如果继续处在过去传统、规范、等级分明的文化中，你得不到那些你想要的东西。这就像告诉一个国家的人民，他们自由了，有希望了，他们终于可以翻身了，这让他们很兴奋，然后转身就拿走了他们所有的权利。"噢，你在开玩笑，对吧。你不认为我们真的会改变我们做事的方式，对吗？哎呀，我们不喜欢那个主意。它不适合我们，对不起。但如果你有其他完全符合我们文化的主意，我们会考虑其可能性。"现在，企业有一个或上千人像愤怒的公牛一样，向企业倾倒有害的能量。或者更糟，企业有一个或几千个冷漠的人，他们根本不关心企业的好坏，只关心一直领报酬。这时，人们的思想和情感开始麻木，企业最终就得到了想要的东西——照常营业活动。

还记得原则四吗？它鼓励人们活出目标。当人们可以展翅飞翔时，就会创造绩效。人们想要在生活中自由地实现目标，只要他们这样做了，他们可以取得任何成就，你的企业将有 10 倍的效益。无论环境怎样，自由是人类的本质追求。自由回答了山姆的问题，自由是问题的答案："为了让人们想工作、想参与到企业中，我们的企业应该如何创新，如何创造一个健康的文化呢？"自由就是下一步。如果企业想要创新和能量，就需要给予自由、拥抱自由、践行自由，自由可以把想法和愿景转化为现实。不赋予人们自由，企业不会获得健康的能量，也无法创新。企业获得自由的唯一方式就是领导带好头，领导要清楚地知道怎样给予许可、怎样保护自由。

我们在前面讨论过，需要首先考虑领导功能。领导健康充沛的能量是企业赢利最重要的优先事项。无论你是一家 10 亿美元公司的首席执行官还是一家冰淇淋店的老板，要想让企业传播健康能量，领导都需要发挥功能。而且，只有你和所有的领导都面对功能失调的现实，才会产生领导的合力。这是第一步：意识到问题。面对现实，你就会有勇气去选择任何可以发挥功能的事。如果你怀疑你或你的企业有领导层面的问题，那就回到第一章去做测试吧。在这一章的结尾部分还概述了如何实现领导功能、塑造高品德价值，以及帮助企业传播健康能量的方法。

再次重申，如果你想要员工说出新的想法，如果你想要一种带有积极心态的文化，如果你想要合作，如果你想成为公众眼里富有社会责任感的领导者，你需要优先考虑领导力职能的问题，因为一个健康、有活力的企业所具备的特质会帮助它在创新上取得成功。如果领导们塑造的是与创新背道而驰的特质，就不会拥有创新型企业，企业就无法将想法和愿景变成现实。要么言行一致，要么自相矛盾，你得做个选择。如果选择言行一致，就要坚持到底。这可能意味着你需要认真对着镜子，说出自己的失职，承认你就是问题所在，然后选择获取健康的能量。

许可是自由的第二个要素，意味着员工可以自主做出决定、进行正确的判断、公开表达观点。给予许可是企业补给正能量的方式。在第四章中，我们谈到员工想得到展翅飞翔的许可。如果员工有了自由，就可以做成任何事。在企业中，由于我们创造了结构和系统，员工需要听到企业领导的许可，让他们有权以自己的方式前进。即使你是一个平常就给予员工许可的领导，也不要以为员工不需要听到你亲口说出来。

给予员工自由也会有挑战。的确，每个人都想要且需要自由，给予企业里的每个人自由也会将想法和愿景变成现实。话虽如此，但实际中人们会抵制你要给他们的自由。所以，许可自由要对企业领导的工作起作用。员工想要得到自由做决定的许可，但他们得到了许可后，会害怕潜在的影响，他们的担忧将会让自己再次失去自由。这类似于一个人在监狱关了 20 年，出狱后为了回到监狱会故意犯错误，这是因为对未知害怕。尽管自由给予了人们想要的，自由使得企业获得健康的能量，但是一旦员工拥有自由，他们就会害怕肩负新的责任。人们会害怕失败和未知事物。大多数人认为，比起一直待在监狱里失去自由，失败和未知要恐怖 1000 倍。如果企业想要创建一个让员工拥有自由的运营模式，领导必须扩展对员工的保护范围，别无他法。

保护是自由的第三个要素。保护意味着你给予了别人许可，那么就允许他们按照自己独特的方式工作。保护意味着你允许人们把错误当作学习的机会，而不是在事情没有完全按照计划施行时施加严厉的惩罚。保护就是支持员工，相信他们可以到达目的地，即使他们采取了和你不一样的做法。保护意味着领导花时间去指导和训练员工，而不仅仅介入、修订、改变，接手他们的工作。保护是自由的最后一个要素，因为它促成了最大限度的信任。

领导功能是原则五的关键，为了获得自由，每个领导都必须有高尚的品质。当员工得到许可后，一定会希望得到你的答复，需要给他们一个方向，让他们去前进。一开始，员工不知道如何应对自由，领导必须启用足够的健康能量，耐心地问问题，让他们相信自己的决策能力，通过指导和辅导给他们提供坚定的支持，还要训练他们的耐力，让他们能早日独当一面。如果领导没能保护员工的自由，止步于承诺，企业的状况会比开始时更糟糕。

每个领导要在员工面前以身作则地示范、讲解，这个过程至少需要90天，员工才会开始相信"自由"这件事是真的，而不是空头支票。逐渐地，员工在企业里可以自由地做好自己的本职工作，提出新想法，而不会受到上司的严厉惩罚。至少要花90天，自由才会开始成为企业里可接受的概念，员工开始真正觉得可以自由、直率、毫不犹豫地表现自己，搞砸事情时会受到保护，可以免受耻辱、伤害或内疚的折磨。这些都需要花时间。在一些企业，这个过程要花更长的时间，因为时间长短将取决于企业开始时有多少有毒的能量。

激活过程：信任曲线评估

企业的运营模式只有建立在自由的基础上，才会在每个人的信任曲线上处于较高的位置，除此以外，别无他法。如果员工不信任企业或领导，就不会有动力去完成最低要求以外的事情。企业的目标应该一直处于每个人信任曲线的最佳位置，也只有这样员工才会自由、坦诚、毫不犹豫地表达观点。也只有这样，企业文化才会凭借积极的态度蓬勃发展，企业才能实现创新的目标。

建立企业内部信任的第一步就是找出企业在集体信任曲线上的位置。要做到这一点，需要评估每个人的信任曲线评估。评估包括12项内容，每项回答占一定比例（0~100%）。算出百分比的平均数，这个平均数就是企业在信任曲线上的位置。企业要评估所有人，无论职位高低，还必须在内部网或其他企业内的交流系统上公布评估结果。请记住，这不是"闭门造车，只报喜不报忧"的评估。

以下是12个信任曲线项。需要回答的问题很简单："这些情况的真实性占多少比例？"

1. 领导的行为有助于我自由、坦诚、毫不犹豫地表达观点。

2. 企业的行事方法和制度有助于我自由、坦诚、毫不犹豫地表达观点。

3. 领导告诉我的话总是真实的。

4. 企业沟通的信息总是真实的。

5. 领导和企业会考虑我的最佳利益，可以随时做决定。

6. 领导倾听我的声音，我知道领导在听我说话，因为他／她会真诚地问问题，评价或切实地关心我。

7. 领导和企业总是支持我，帮助我实现自己的价值。我知道这是真实的，因为优先遵守承诺就会实现价值。

8. 企业环境使我能够自由地做决定，对接客户，并以我自己独特的方式实现新的想法。

9. 企业的每个领导表现出同理心，企业领导真正理解他人。

10. 企业环境让我有安全感，感情上得到保护；我完全信任领导对我的想法的答复，不会让我感到耻辱、伤害或内疚。

11. 企业环境让我有安全感，身心得到保护。

12. 我相信自己可以在企业里真实地做自己，企业里的所有领导和同事会真心地尊重真实的我。

重要的是，如果你想知道如何改善企业的信任问题，员工会告诉你怎么做，而且他们说得对。这很奇妙吧，因为企业的员工很聪明，这也是你雇佣他们的原因。他们确切地知道企业和领导现在需要做什么来提升信任曲线上的位置。

但这个过程中会碰到矛盾，这需要改变常规营业活动：这个过程的下一步是为人们建立一个信任曲线行动计划，所有的领导也要遵循计划。此外，企业要把集体信任曲线评估增加到对每个领导的年度综述里，得分会对个人的经济利益有直接影响。集体评估的关键是：每个领导者的得分都是集体信任曲线得分，而不是个人领导得分。这就意味着如果一个领导的行为让企业在信任曲线上的位置下滑，那么其他领导会受连带，无一例外。这就是所谓的集体责任（之后我们将会讲述这个概念）。信任曲线评估过程有助于激活企业的互助互爱，让健康的能量开始在企业传播。

领导力表现

领导力表现是一个概念，旨在企业成功建立信任后促进员工的自由。这个概念一开始不会起作用，如果信任评估得分较低，那么任何明显表明领导关心和同情的工作都将被看作表面文章和另一种提高参与度的策略，这会让企业充满有毒的能量。如果做得好，且在建立信任的前提下，领导力表现这一概念才会激励人们，促成行动，并真正带来效益。

领导力表现是向员工展示领导对事物表示关心和同情的证据。这个技巧让员工看到领导对信任非常重视，他们知道关怀不仅仅是嘴上的谈资。这一概念证明了领导在兑现他们的承诺，会让员工拥有自由，使得想法和愿景转化为现实。领导力表现赋予团队一种新的态度，养成一种健康的内部文化，让企业的每个人都有自豪感和忠诚感。良好的领导力表现能让企业保持健康、高效和盈利。

领导力表现这一概念包含以下 3 个部分：

1. 捕捉瞬间。

2. 广泛传播。

3. 赋予意义。

通过使用诸如内部网或专用外部网站的线上平台，这一理念可以得到最好的运用。拷贝通讯的方式已经过时了，如今视频网站和一些免费网站触手可及，企业为什么不选择在线沟通呢？让我们来探索这 3 个部分。

捕捉瞬间

要鼓励企业里的每个人捕捉领导展示关怀和行使自由原则的时刻。意图是让真正体现领导关怀的故事和感受无处不在，让关怀激活企业的健康能量。这些不是照本宣科的故事，领导力表现这一概念的出现本来就是真实的、实时的。是的，为了让人们能捕捉到它出现的瞬间，你需要创造机会，并在必要的时候提供资源。但是，一旦你把这种方式变成另一种形式上的表演，或为了完成计划而编制的表面上的作秀，人们就会有排斥情绪。

人们可以通过发布视频、社交网络状态、相关文章、上传图片等方式来捕捉信息。目的是建立一个有关怀、有自由的在线社区。唯一的要求就是捕捉的画面必须展示领导的正面能量，例如，领导建立信任、赋予自由、在企业传播健康能量。这里存在细微的差别：企业中的每个人都可以成为领导。领导是一种态度，而不是一个职位或头衔。一些最优秀的领导在没有获得头衔时就在带领着团队前进。捕捉瞬间是为了讲述企业领导们的故事,领导能够理解并践行真正的价值会推动企业的健康发展。

广泛传播

记录美好的故事是为了广泛传播。鼓励每个投稿的人把故事分享给其他 5 个人,收到故事的人又把故事分享给另外 5 个人,以此类推。目的是为了让企业的每个人都知道所有故事。

赋予意义

坚持真诚地说谢谢,这种方法能自动将有毒的能量转化为健康的能量。给予关怀、树立信任、营造安全感最简单的方式就是说谢谢。世界上有很多人不会说谢谢,这太不可思议了。赋予意义就是让人们知道你很感激他们给予的关怀、建立的信任和被赋予的自由。赋予意义的核心就是要感恩。感恩的美妙之处在于会有回应,会创造出比初始更美好的东西。

企业需要表现出感激之情。如果领导力表现的理念实施到位,员工会感激领导,感激企业,感激所有的一切。这能在很大程度上激发企业潜能,释放让人意想不到的巨大能量。

一切皆有可能

如果企业仅决定打造一个丰富多彩的、现代高端的环境,或者让领导去研讨班学习最新的创新技术，是无法取得创新的。山姆的团队实施 3 年的策略后仍然举步维艰，就证明了这点，好在他吸取了这一教训。只有当企业开始建立信任、表现关怀、赋予自由时，企业才能积累足够的健康能量来推动创新。要知道，信任、关怀和自由是催生创新的神奇药片。这种神奇的药片叫作态度。

自由把想法和愿景转化为现实，因为自由是激发灵感、催生行动的重要前提，而创新来自这种态度。良好的态度带来进步，当企业有足够的健康能量来激活一切皆有可能的态度时，你会看到巨大的力量。建立了一切皆有可能的内部文化后，每个人都会变得积极，因为健康的能量让人感觉非常好，自然就会真正成为企业的一分子。

原则六：

激活自主潜能

原则五的内容有关你给予他人的信任、关怀及自由。而原则六则是有关你给予自身的信任、关怀及自由。为了使这两条原则能够并存且有效地支撑起一个健康的能量生态系统，在企业中，每个人都应认识到取得自身和他人的信任、关怀及自由的价值。

对于我们而言，从他人那里获得正能量往往比从自身获得正能量更容易。尽管从自身获得正能量很困难，但就个人而言，企业中的每个人都需要关注其给予自身的信任、关怀及自由。因为正是我们给予自身的信任、关怀及自由使我们认识到正能量的价值。而我们所面临的挑战是人们仅在具有强烈的自我意识——自信、自强和自尊时，才愿意给予自身的自主权利。基于此原因，原则六涉及个人层面，并提到企业中每个人的"自我"。

当你不相信自己有潜能掌控局势时，你会因对未知的恐惧而焦躁不安。你会担心他人对你的看法，他们如何评价你，你是否辜负了身边的人，你是否符合生活中外界对你所设定的标准——即使这些标准对于一个人来说是负面的、有害的。当你的自信不足，你就会放弃你的"自我"，对生活中除自己以外的所有其他人给予你的评价做出让步，难以接受正能量。

而企业中的"自我"亦是如此，它与企业（集体）中每一个个体的"自我"息息相关。它是企业中每个人的内心想法与企业本身的交点。在这个交点上，企业心理能量状况体现得最为明显，被称为企业文化。若你的团队成员缺乏自信、自强和自尊，就会形成一种存在缺陷的企业文化——无外力注入就不能自主传递正能量。使企业的"自我"保持自信是可以做到的，但是这要求你真正有兴趣给企业中的每一个个体提供个人发展的机会。企业则需要帮助人们牢记：他们拥有个人权力，有权设定个人边界，并持有一切皆有可能的心态。只有都做到了，人们才真正地给予信任、关怀和自由。只有都做到了，人们才能灵活自由地表达自己，才能促进企业的改变和成长。

个人权力

你有没有在早晨醒来时，感到内心深处有一种焦虑？不知道这一天等待着你的是什么，却相信使你的心焦躁不安的"东西"无疑将继续在你的生活中造成严重破坏？这种焦虑几乎是无法忍受的，而且它会使你对自己产生怀疑，让人无法相信自己。而你所能做的就是积蓄足够的能量，做好准备走出大门去面对它，或者至少能在这种焦虑中熬过去。然后，你放弃自己的个人权力，一心取悦别人，生活成了这样的感觉。

由于自主体现了我们的本我与外在世界的交汇，所以它是整个身体中最难以保持平衡和健康的部分。我们在感受到的情绪代表着我们向世界展示的是自我尊重还是将个人权力拱手相让。当你不尊重自己，没有自信的时候，你的内心将充斥着焦虑、怀疑、恐惧、混乱、羞愧、内疚、受伤及自我否定等情绪。这些情绪在你的脑海里尖叫着："快醒来！你应当自尊、自信、自强，别再像现在这样了！"你或许会认为自己有足够的自信、自尊、自强，虽然确实有这样的人存在，可是这样的人并不多。你也可以指导企业中每一个正在苦苦找回"自我"的人。但是在你跃跃欲试之前，请思考下列内容。

思考一下生活中你最尊敬的人，他也许是你认识的人，也许是你不认识却十分崇拜的人。除非无可奈何，否则你绝不会拒绝他。你可以为他做任何事，为他放弃任何一直在做的事，并且在需要的时候维护他。这个人是谁？花时间仔细想想。

事实如下：若你想到这个人不是你自己，就意味着你可以为了其他人或事物放弃个人权力，而不是追求自己存在的意义。而消除你心中焦虑的唯一方法是从个人权力开始，收回本属于你的一切。

历尽艰辛，我才懂得去爱护自己。曾经，我没有一天早晨是带着自信醒来，也感觉不到个人权力，不知道如何尊重自我。我和自我之间一直进行着多年来的长期血战。直到近些年，我才逐渐战胜了自己。你看，我和你企业中的每个人都是一样的：在追逐外界认可的过程中长大，错误地依靠物质上取得的成就获得认可，并依据周围人对我的评价调整下一步。当我准备向世界证明自己的重要性时，我发现自己每天都十分焦虑，因为我总是活在未来，同时担心自己能不能达到目前他人给我设定的标准。我无法摆脱脑海里的斗争，我很疲倦，感觉自己被击败。在我的个人生活和职业生活中各种混乱都在不断地流动，我只想停下来一分钟，体验生活本身的意义。就像我所认识的所有人一直告诉我的一样："你只需要学会如何做好自己，以及把自己放在第一位。"我当时在想：那到底意味着什么？我好好照顾自己？一些能掌控自我的人们是如何活在当下的？我甚至买了书，并且开始努力学习如何活在当下。但由于没有人指导，我的努力似乎没有起到什么作用。

那以后我选择了自欺欺人，而不是继续思考这个问题。我善于自欺欺人，所以尽管自己无法活在当下，无法拥有自主的个人权力，我仍希望"活在未来"和"做一个成功者"。可想而知，当马库斯·白金汉（Marcus Buckingham）和唐纳德·O.克里夫顿（Donald O.Clifton）的书《现在，发现你的职业优势》（*Now*, *Discover Your Strengths*）在 2001 年出版时我有多么的激动！书中的结论和我之前的观点不谋而合——活在未来与做一个成功者都是优势！我直接忽略该书的第一部分，这一部分讲述了在你学会将自己的强项有效地转化成优势之前，它们实际上是你最大的敌人。我认为这部分内容并不是很重要，因为我对做未来的成功者这一点已经了然于心，不需要管这部分内容。而实际上，我仍旧处于困境之中，不断地将自己所有的个人权力拱手让给他人，而不知道周围到底发生了什么，因为我实际上完全活在未来——选择生活在焦虑、压力和疲倦之中。有些人则遇到相反的问题：他们活在过去。而这两种生活状态都是具有负能量的，会立即毁坏自信与自尊。

所以，以下就是关于如何保留个人权力，如何活在当下的内容。倘若没有采取过以下行动，你就会将自己的权力拱手相让，并且选择生活在负能量中。若你的工作涉及了"人"的问题，那么很有可能所有人，无论头衔高低，都有可能放手了部分（若非全部的话）个人权力。一家积极健康的企业要达到的目标是支持每个人积极做以下 7 件事：

1. 区分行为和情绪。

2. 尊重自己的价值观。

3. 宽恕自己与他人。

4. 说出你想要什么。

5. 放下包袱，继续前进。

6. 不合适的东西，千万别接受。

7. 尊重至上。

区分行为和情绪

大多数人都曾花费一整天的时间，为一场他们甚至都不想去的旅行打包行李。而这些行李很快就变成了充斥着负能量的精神包袱。这里就有一个类似案例——整天将精神包袱放入自己的"行李"。

当你为自己没有做好的事情向人道歉，但是别人没有接受你的歉意时，你很容易将焦虑、受伤、失望甚至恐惧打包装进了自己的行李。即使你有一部分责任，那件事所带来的负面情绪，也让你摆脱不了。试一下这个方法：这些负面情绪并不属于你，所以请放下包袱，继续前行。若他们不想认可你为自己的行为负责，剩下的事就无须你来背负。放宽心，你只管自己该管的部分，继续前行吧。对于任何一类关系中的任何情绪，都应该这样处理。如果不是你的情绪，就不要担负它。好好看看你携带的行李，把所有不属于你的东西全部丢掉。或许你在想：这并没有那么容易。你的想法没错，没有人认为这是一件容易的事。但是，难道一直背负着精神重担就会很轻松吗？你需要的，仅仅是迈出这一步的努力。

尊重自己的价值观

原则四全是关于你的目标和对自我价值观的确认。个人权力体现对目标和自我价值观的尊重。如果生活或企业中的某些事物不符合你的价值观，那么你就需要做出改变，以使它们与自己的价值观保持一致。如果你选择要这样做，陷入这样的处境，除了自己，你怪不得世界上任何一个人，还好很多时候我们需要经常改变的只是心态而已。有时，的确也需要有意义的行动，但是大多数时候只是一种心态转换。拥有个人权力意味着，在你的心目中，你将自己视为生活中最重要的人。除非你选择在思想和行动上，尊重自己以及自己的价值观，否则你将继续放弃自己应有的权力。当你通过尊重自己的价值观把自己放在第一位时，你的正能量也会在整个工作和你的一生中被放大。你眼前的一切都会因此受益而变得更好。

宽恕自己与他人

世界上有如此多的人放弃他们的个人权力，是因为他们选择一直抱怨。他们因过去的选择而贬低自己、惩罚自己。他们同时拒绝宽恕他人，因为他们认为别人不值得他们宽恕。这就是所谓的推卸责任，所带来的后果只是两败俱伤。

大多数人不明白的是：当你选择不去宽恕，就意味着你选择了负能量，它会损害你生活的各个方面。每次你选择牢牢抓住那些早该放手的事情，就意味着你选择了生活在负能量之中。如果你一直拒绝宽恕，你将永远都不会拥有具有正能量的生活或工作。这是必然的。不宽恕就意味着有成吨的砖块塞满了你的行李。再说一次，宽恕就是一种良好的心态。有时，宽恕需要行动，但是大多数时候，它是在心上做出宽恕和放手的选择。记住，宽恕总是更取决于你而非其他人。

说出你想要什么

能够说出你想要什么是个人权力的本质。仅仅确认和实现自己的价值还不够，你需要审视自己的生活，就生活的各个方面真正说出想要什么。这其中包含从错综复杂的工作项目到人生重大志向的所有方面。你想要的东西，无论大小，只有说出来，才能保证你会得到它。说出你想要什么，第一部分就是把它讲给自己听。第二部分是把它清楚并且带着尊重地讲给世界上其他人听。

不花时间去讲清楚你想要什么往往会使自己被动而消极，这种行为肯定会破坏你的个人权力与人际关系。不管你是明尼苏达人还是佐治亚人，如果你霸道强势地通过操纵其他人以得到自己想要的东西，而不是率直地说出你想要什么，那么你必然会受到伤害，并且被认为心机太重。如果你选择霸道强势，人们将会讨厌你，不愿待在你身边，不信任你。因为他们总是会觉得你别有用心，没有将他们的最大利益放在心上。霸道强势是一种不正常的状态。

当人们没有花时间真正弄清他们想要什么，并说出来时，他们只会根据当时所处的状况和得到的反馈做出情绪反应。如果在这个过程中没有产生良好的情绪，人们会用羞愧及其他有害的方式使自己被重视并获得尊重。你知道，大多数时候，霸道强势的行为来自那些缺少个人权力的人们——他们迫切需要别人的倾听，但却不知道如何用自己的声音表达他们想要什么。为了恢复个人权力，你需要弄清自己想要什么，把它说出来，并以一种健康的方式得到你想的东西。

放下包袱，轻装前行

这是人们在保持个人权力方面面临的最重大的挑战。你会注意到"放下包袱，轻装前行"在每一项涉及个人权力的实践中都会被提及——它就是将全部实践联系在一起的那根红线。而它需要实践、有意识的努力和深思熟虑的打算才能得以实现。让我说得更明白一点：放下包袱，继续前行，并不意味着你宽恕了错误的行为，而是意味着你没有做出不明智的选择，没有带着其他人投入负面情绪。是的，请恭敬地陈述你的观点。弄清你是否拥有属于自己的东西。有意识地把他人的最大利益考虑在内。为你自己的情绪和选择负责。当你犯错误时，要勇于承认并为之道歉——无论那有多困难。然而，一旦说出口，你就要以一种健康的方式为自己的行为负责，放下包袱，轻装前行。当你不再携带他人的包袱时，你就会觉得轻松许多，而生活也会更加甜蜜。

不合适的东西，千万别接受

在企业中，我们喜欢给予和接受反馈。我们常这样说："这对你是机会，我认为你的问题是……"当然，有时这些反馈是恰到好处的，你应该感谢那些真正与你分享其观点的人。但有时却不用。不合适的东西，千万别接受。怎么着？你有那个权力不去接受。不管给你反馈的人在行政级别上有多高的地位，如果他给出的反馈不适合你，你有权不接受。

曾经，我有一个客户在收到她的年度审查报告后，忧心忡忡地来找我。她忧心如焚，因为她的上级在给她的反馈意见中，认为她做事不准确。事实上，她有证据可以证明这个意见是错误的。我给她的回复是这样的："你可以做出选择，选择接受它，或者选择不接受它。如果选择不接受，那么你必须宽恕他们给出了不准确的信息，然后需要放下包袱，轻装前行。如果你不宽恕他们，就无法继续前进。

没有尊重，说什么别人都不会听

你和企业中的每一个人都是值得获得尊重与个人权力的。不管一个人的头衔、年龄、家世、肤色、性别或信仰如何，他们都应当获得真正的尊重。大多数人都会在逻辑理念上理解和相信这一点，但即使在今天，不尊重的行为在工作中也是无处不在的。我们仍然将员工视为无名小卒。不称职的领导仍然认为其他头衔较少的人是无关紧要的。歧视仍然无处不在。我们都可以假装昨天的问题不再是今天的问题，但事实并非如此。如果企业中每一个人不能尊重其他人，负能量的毒瘤将继续在整个企业中传播。

"没有尊重，说什么别人都不会听"是一条双行道，你需要掌控它的两边。这意味着每天你都将他人视为正在痛苦着、热爱着、微笑着，并试图像你一样度过生命的人。这也意味着当你不被尊重的时候，你还是会将那个人看作一个痛苦着、热爱着、微笑着，并试图像你一样度过生命的人，以此来表示尊重。这还意味着在逆境中，你要恭敬地陈述自己的观点，站起身来，承担责任，自己对自己做的事负责，必要时舍弃自我，然后宽恕，放手，继续前行。"没有尊重，说什么都不会听"就是不管站在双行道的哪一边，你都要要求自己和对方给予足够的尊重。不尊重是永远不行的，如何改变这个世界，恢复掌管自己个人权力的唯一途径就是将尊重作为自己生活中无可替代的一部分。

如何活在当下，关于这件事的领悟不是来自我所读的全部书籍，我读书的目的只是成为一名思考者；也不是来自我跑步的过程中，尽管这些对我的身心都是有益的。我的身体状态很棒，但我仍然无法活在当下。我仍然徘徊在负能量和焦虑之中——只能放弃自己的个人权力。一天晚上，我突然有了想法。我在附近开着车，听着音乐，大声哼着歌，这是一天快结束的时候最喜欢做的事情之一。突然，我靠路边停了车，只是盯着看。突然一切看起来都不一样。我看着那些树，心想：我的天哪，它们看起来是完全不一样的树，太美了。我发动了引擎，继续行驶。抱着怀疑的态度，我想看看这种奇妙的感觉是否会消失。它并没有消失。回家的路上，我所见的一切都不一样。我意识到这一路都在思考那些树——什么都没想。除了树，没有任何念头掠过我的脑海，太神奇了。在那一刻，我意识到，自己第一次活在当下。

我常常想起那一刻，因为现在那一刻反复发生。我必须刻意记住无法活在当下的时候，那一刻是什么样子——因为要记住它，很难。现在，我知道如何活在当下了。这个过程并不容易，在我生命中有几个人让我觉醒，好几段经历迫使我自己远离舒适区。我开始拆除用来自我保护的一块块墙壁，直到它不再存在。 现在，我将自己的弱点完全暴露在世人面前，但我并不害怕——因为我已经活在当下。我收回了自己的个人权力，我只对自己的行为负责。我尊重自己的价值观。我无条件地宽恕自己与他人。我会说出自己想要什么。我能够放下包袱，轻装前行。我只接受适合自己的反馈意见。

我最好的朋友，是一位非常了不起的治疗师，他教了我几句能创造生活奇迹的箴言。每当我觉得沾染不属于自己的负能量时，就大声地说出这几句箴言。它使我想起在当今世界，我有选择权，选择不要把任何人的情绪和行为当成自己的。这几句箴言是："其他人的东西是属于他们的，而我的东西是属于自己的。别让他人的东西成为自己的，也别让自己的东西成为他人的。"

有一句中国谚语对我的影响非常大，它总是在重要的时刻考验我、提醒我。像大多数人一样，我仍然有感到沮丧或焦虑的时刻。生活本来就是这样。或许，那些时刻也就是此时此刻。现在，我明白了如何去讲述那些时刻为什么正在发生，所以我能继续前行。谚语是这样说的：

生于自然，死于自然，任其自然，则本性不乱（直译：如果你郁郁寡欢，那么你活在过去。如果你焦虑不安，那么你活在未来。如果你泰然处之，那么你就活在当下）。

——老子《道德经》

界　限

如果不谈到界限，我们也就无从谈起自信、自强和自尊。界限是你与另一个不会以善良、尊重及人性化的方式对待你的人划清的距离。界限意味着"如果你用轻蔑、伤害并且充满罪恶感的方式对待我，那么你就不允许进入我的世界。我充满自信，自强不息，自尊自爱。我选择只与懂我、支持我、尊重我的人来往。用善良、尊重及人性化的方式对待我并不是随意的"。当你需要保持健康，远离他人的选择，不被世界的负能量所淹没时，界限就是必需的。

当身边有人不尊重你的能量时，要保持自信、自强和自尊就很难。如果他们不尊重你的能量，那就意味着不尊重你，你就需要与他们划定界限。为了划定界限，你必须列出这些人的名字，并且有意识地做出决定，仅在必要时与他们交往。没错，你要列出的名单，就是企业中你每天见到并一起工作的同事。这并没什么。你见到他们并与之一起工作，却明白自己已经有意划定了界限。决定好他们的能量、他们的情绪以及他们的选择是他们的事情了，与你无关。向自己承诺：除非此人能够以健康、正常的面貌出现在生活中，你们之间只有在必要时互动。记住："其他人的东西是属于他们的，而我的东西是属于自己的。别让他人的东西成为自己的，也别让自己的东西成为他人的。"这便是界限的美妙之处：每个人都认为必须向某个特定的人大声说出你已经划定了界限，而他们处于另一边。但是，通过能量与意图的力量，仅仅向自己说出来，那条界限就会显现。

在一家充满正能量的企业中，界限并不算什么问题。因为一旦企业将正能量贯穿其整个企业文化当中，尊重就无处不在，对界限的需求自然就减少了。注意我说的是减少，而并非消失。无论企业中的能量有多好，你始终要让处于不同时期的人们拥有自己的个人权力。你可能永远都不会拥有一个人人都百分之百自信、自强，并自尊自爱的企业。这是一个过程，每个人的旅程都有所不同。

关于界限的最后一点，也是最重要的：永远不要因为愤怒、受伤、羞愧和内疚而划定界限。一旦你这样做了，所有负能量最终都会停留在你这一边，而摆脱它就变得十分困难。由于愤怒、受伤、羞愧和内疚而划定的界限根植在你随身携带的包袱当中——即使它并不需要你来背负。在你设定界限之前，先确定你能够将对方视为痛苦着、热爱着、微笑着，并试图像你一样度过今生的人。在设定界限的时候，将他的最大利益考虑在内，并且允许界限进行调整。有意划定界限的目的是，给予人们在建立自信、自强及自尊的优势时所需的空间和时间。这种优势会通过不拘形式的沟通方式重新展现，而这些表达将毫无疑问地激发出企业的变革与成长。

能量吸血鬼

恢复你的个人权力与学习如何设定界限是一个过程。当你冒险进入这个过程时，了解被称为"能量吸血鬼"的一类人是很重要的。听说过他们吗？他们就是那些会把你的能量"吸干"的人，因为他们完全不懂得如何尊重能量界限。记住介绍部分中的例子：当今世界上的人是如何在你的生活中，使你真得想要逃避？

这些人也许很棒，也许理论上你会喜欢他们，但是他们的能量会使你想要逃避。他们进入你的办公室，迅速与你进行交谈。他们一离开，你觉得自己的能量好像被他们短暂的出现吸干了，而且还被他们的能量所影响。事实上，一旦感觉到这个人向你走来，你就会有一种极度压迫的感觉："哦，天哪，我要离开这里！"你认识这样的人。

事实就是如此，各种规模的企业都存在着能量吸血鬼。我知道你并不愿意听到，有时候你自己也是能量吸血鬼。没错，有时候你没有尊重划定的界限，也会吸干别人的能量。别担心，你极有可能是无意间这样做的。话虽如此，但能量吸血鬼的确无处不在。吸血鬼综合征正处于上升态势。我们正处于人类的能量危机之中，人们极其渴望得到正能量，不管以何种方式去获取它。直到你企业中的每一个人都理解"能量吸血鬼"的概念，能够划定出合理的界限，并恢复他们的个人权力，否则这些吸血鬼将继续用负面能量妨碍你企业的能量系统。下面有一些能量吸血鬼如何出现在工作中的例子：

• **受害者**：受害者会不断向你展示每一个细节，来分享他是如何被冤枉的。当然，受害者从不会对自己遇到的任何问题负责。而且，无论谈话多么短暂，他都能以一种非常聪明的方式，把自己的受害经历插到每次谈话中去。与此同时，他正好汲取你的能量，以增强自己的能量。与你谈完话后，他总是觉得好多了，而你却总觉得筋疲力尽。

• **讽世者**：讽世者并不是指那种擅长唱反调的同事，但如果你不小心的话，这可能是个灰色地带。讽世者向每个人灌输消极的情绪，并以此告诉其他人他的世界有多么黑暗。讽世者常常会亲自经历困难时期。乌云似乎整天跟着他，他有意或无意地选择任何一个有不同想法和观点的人，与他们唱反调，以此作为自己摆脱内心困惑的手段。在谈话结束时，讽世者会感觉更好，因为他为团队"增添"了价值，而团队的其他成员则会感到被消耗得崩溃。

• **权力斗争者**：权力斗争者吸收你的能量，仅仅因为他能够这样做，而你的心情也还不错。你就允许他这样做。有时，这个人拥有凌驾于你之上的权力，例如职务；有时，这个人仅仅是出现在你办公室的兼职员工。这或许是那个似乎总是能令人愉快的人。事实上，每次与他谈完话，你都不明白为何会如此内力消耗。其实，这是因为他大举侵入并汲取你的能量。

不管能量吸血鬼是如何出现在你的企业中，补救的办法就是清醒的意识和设定界限。有意识做出选择，不要占有别人的正能量，供你个人使用；这对别人是不尊重的。而恢复你工作中能量重要的第一步就是将这个信息分享给每一个人。我向你保证：你将会感觉到好很多。测试一下。一旦人们理解什么是能量吸血鬼，就没有人想要成为其中的一员。

环　境

任何可能的态度都需要表现在工作环境的外观和感觉上。你的工作环境对于灵活自由的表达方式同样重要，就如个人权力与界限一样。如果你想让人们灵活自由地表达自己，为你的企业带来变革与成长，并且希望正能量贯穿你的整个企业，你就需要一个可以表达信任、关怀和自由的环境。

坐在摆放着红木家具办公室里的高管与挤在灰色间隔式办公桌前的其他员工都不会认真工作。事实上，如果你想让企业中的每个员工都拥有红木家具，就这样去做吧，让它成为现实。其实，问题并不在于红木家具。而是在于你的企业是否为高层管理者提供奢侈享受，而其他员工却只得到残羹剩菜。这向企业中的其他员工传达了这样一个信息：其他员工都是二等公民，不配享有与高层管理者同等的尊重。倘若你的企业听起来就是这样，那么你需要去改变它，前提是你期望创造一个能够使正能量不断循环的能量生态系统。如果你选择将员工分为明显不同的等级，就意味着你在营造一个吸干人们能量、灵感、不拘形式的沟通方式及任何可能态度的环境。你在选择负能量。如果在你的工作环境中，关于这件事情是这样的回答："你不配，因为你比不上那些高层管理者。"员工们将永远都不会觉得这是安全的。以企业需要的方式去不拘形式表达自己，以使企业将来可以继续向前发展。

我读过许多成功企业的故事，它们都证明了保持企业环境的平衡会促进创造性的表达。谷歌公司只是大型企业中的一个例子，它证明了一个平等、开放的环境的确是可行的。谷歌公司还有一种"千万别当魔鬼"的理念渗透于企业当中，用一种自由感激励着员工。良好的企业环境加上"千万别当魔鬼"的理念，创造了信任。人们真正地感觉到以促使企业向前发展的方式表达自己是安全的。

谷歌公司是一家大型企业，假如你的企业是小型企业会怎样呢？另外一个例子是网络医疗公司（network medics）。它是一家小型科技公司，由3位合伙人共同经营。他们决定给每一位员工一间办公室。不但如此，还让员工自行选择具体的办公家具，设计他们想要的办公场所。每个人的办公室看起来都截然不同，但却符合他们自己的个性。太神奇了！你一走进他们的办公室，就能感觉到信任、关怀与自由的能量。网络医疗公司的每一位员工都真正地感觉到以促使企业向前发展的方式创造性地表达自己是安全的。企业本身、它的每一位客户及企业中的每一个人都得益于此。谷歌公司与网络医疗公司都选择了去传播正能量。

环境的重要性超越了人们的"工作区"。为了建立一个能传播正能量的能量生态系统，人们需要真正地能够自由呼吸。你的企业需要植被、自然光和色彩。你甚至可能想到处都养上鱼，鱼儿释放着正能量。当人们打开窗户时，他们就不会想跳出去。人们是依靠自然、光和色彩而成长的。当处于一个真正平等的开放式环境时，人们才能蓬勃发展。位于红木家具两侧的灰色和米色间隔式办公桌是培养不出创造力的，人们也会感觉到以企业需要他们的方式表达自己是不安全的。从谷歌公司和网络医疗公司的例子上注意到一点：营造一个平等开放的环境，从而引发变革与成长。

在开始重新设计你家或办公室之前，设计师们总是问着相同的问题。问题很简单，但通常很难回答："你想要什么？"在得到一个茫然的表情之后，他们会问后续的问题，"你希望你的家或办公室是什么感觉？"说真的，总是那两个问题。当涉及一家积极健康的企业时，答案也总是相同的。

如果你想营造一种积极健康的环境来激励人们，触发行动，推动可持续的利润，这便是你的回答："我想营造一种传递信任、关怀与自由的环境。我想让人们走进企业，立即感到活力十足。人们应该穿过企业的每一个角落，感觉自己能够自由呼吸，觉得自己应该是企业的一部分，而企业则是真正关心自己的幸福。我想让企业环境的每一个方面支持每一位员工，给予他们信任、关怀与自由，因此他们能够以引发企业变革与成长的方式去创造性地表达自己。"过程很简单，就这样去做吧。

激活过程：建立相互鼓励的微型社区

为了使企业实现自主，你需要帮助人们记住他们拥有个人权力，并有权划定个人界限，你还需要营造一个传递着这样信息的环境。一旦你完成了这3件事情，人们将真正地获得自由。除非这一目标实现，否则人们将依然抗拒变革，并缺乏推动任何新想法发展的意愿。下面就是你实现目标的方法：

与个人权力相反，收回个人权力并不是一个人就能实现的。事实上，有些成功地收回个人权力，并遵循前文提到的7项做法的人已经这样做了，原因在于他们周围存在着一个关心且帮助他们前进的微型社区。你的企业必须建立这些团体氛围，让人们在愿意呈现他们的软弱前，行使自己的权力，划定他们的界限，并建立自信。

微型社区就是一小群人每周聚在一起支持并鼓励彼此的进步。这个概念并不新鲜。事实上，"互助小组"或"小团体"这个概念在无论是大还是小的机构都得到认可。它们能够在全球范围内得到认可是源于它们发挥着积极的作用：当人们感觉得到别人支持时，它们就会获得更大的成功。你的企业也一样。

我们都是普通人，过着异常艰苦而繁重的生活。我们都需要支持与提醒，以保留自己的个人权力，划定界限，并有意识地向世界注入正能量。在这3个元素上仅靠一项取得成功是极其困难的。

以下是你在整个企业中建立微型社区的方法及经验：

微型社区应由4~7人组成。理想情况下，每个社区由5个人组成。

微型社区每周聚会一次（每月一次是不够的）。

微型社区需要优先考虑工作。一旦它们被视为一种业余兴趣协会活动，就不会发挥应有的作用了。微型社区需要成为标准化操作的一部分，而不需要额外付出努力。

企业应对批准成立微型社区负有责任。

领导者不能设置障碍，阻止人们成为社区成员。

每一位领导者都需要成为微型社区中的一员。

社区小组通过摇号系统组合在一起，唯一需要说明的是社区布局：如果可以的话，最好将远程办公者安排到这项计划当中，尽量组织他们面对面交流。

为每个微型社区提供一个专用网站是有益的，但这并不是必要的。

每周，微型社区聚集在一起，问问自己在前一周里，收回个人权力的7项要点都做到了吗。有些人会有许多东西可以分享，而有些人则不会。有些人会扮演教练的角色，而有些人仅仅是出席聚会并观察。除了尊重与保密之外，没有任何其他规则。议程很简单：本周个人权力实践是如何实现的？你做了什么？界限是必要的吗？这会如何改变你下周的实现方式呢？

无论差异有多大，多不符合常理，微型社区都会取得成功。它可能由实习生、远程办公人员等拥有截然不同的职务或职责的人组成。但结果总是相同：每个微型社区的成员之间建立了深厚的友谊，成功地开始恢复自己的个人权力，并学会如何划定界限。企业则获益于这样的情况：人们开始享受工作，因为他们感受到比关注自己更有价值的事业。结果便是企业的自主潜能得到充分的激发。

原则七：

激活连接潜能

本章是关于人情纽带及人际连接是如何促进利润增长的。人际关系质量与你的企业息息相关。我们都一样，都是通过能量交互而彼此相连的。所以我们能够感知周围发生的事，产生灵感或者能量耗尽。当企业的人际关系协调，人们会觉得受到了尊重，容易接受变化，并有动力以促进利润增长的方式采取行动。

　　我们生来就是彼此相连的。我们与世界上的其他人共同度过这一生。无论是在当地的咖啡店点咖啡，独自驾车上路，与家人朋友在一起，或者在一天结束的时候看电视，我们每天都以某种方式、状态或形式与他人产生联系。你或许会想：我开车的时候并没有和任何人在一起。我看电视是为了远离人群，从紧张的生活中放松一下。除了我自己，没有任何人出现在那些场景中。没错，你是一个人。然而，当你开车的时候，你要意识到（或者至少应该意识到）路上的其他驾驶员，以及你的行驶是如何影响他们的——在马路上，你从不孤单。当你看电视的时候，你是在看人们的表演，即使那些人是动画形象或来自其他世界的生物。你与你正在观看的人产生着联系，人们创造电视节目使你与他人相连。

　　人情纽带对企业来说同样重要，它可以让你的企业充满正能量，促进利润增长。人们从其他人那里获得能量。由于其他人的关怀、激励，我们觉得受到了尊重并真正地被接纳。这被称为有意义的联系，作为社会成员的一分子，我们都渴望有意义的联系。这种渴望如果没有得到满足，将引发人类能量危机。危机的引发并不是因为我们繁忙的工作计划，而是因为我们的繁忙使自己与他人疏于沟通。

先了解原则四与原则六的内容是必要的，因为它们教会我们如何去尊重与接纳自己，同时，它为我们学习原则七做了很好的铺垫——学会以一种"尊重与接纳"的方式真正与其他人建立联系。只有这样，任何人才能真正地给予和接受正能量。你企业里的员工必须要听到、看到并感受到基于他们自身而获得的尊重与接纳。地球上没有一个人不想被其他人尊重和接纳。正是当人们感觉获得尊重与接纳时，他们才会充满正能量，并且展现让企业获益的一切能力。下面的故事就是一个例子，当一家企业有意或无意地剥夺人们听到、看到并感受到基于他们自身而获得尊重与接纳的机会时，会发生什么事情呢？

史蒂夫经营着一家医疗设备企业。该企业在 20 年前就取得了巨大的成功，在过去 10 年里，它的规模又扩大了一倍。而在近 5 年，他着手进行了改革。改革的目的在于重组其经营模式，使其更符合企业相关人员的工作习惯，并获得更多利润。这项改革包括在加利福尼亚州和俄亥俄州开设两个距离更远的远程办公点。目前，该公司已经拥有 20 多个远程办公点，750 名分布于全国各地的员工。其中，50% 的劳动力人口是远程办公者。事实上，为这家公司工作的一大好处便是人们拥有选择在效率最高时进行工作的自由。史蒂夫将这称为智慧型努力工作模式 (Smart Hard Work)，简称为 SHW。他意识到公司可以让人们以自己的方式管理自己的工作计划，即营造一种结果导向的工作环境，以促使公司的效率翻倍，利润增长。

作为结果导向工作环境中的一部分，史蒂夫确保企业中的每一个员工拥有一部智能手机、笔记本电脑和平板电脑，并且在每个办公点设有允许员工 24 小时随意出入的设施。全国各地的办公点都具备一个开放式的环境设计，以提升人们的自由与创造力。从销售到运营，每个人、每个领导都自主组织和管理他们的团队，并以最能满足企业需要的方式进行工作。

当然，一些特定的贯穿整个企业的流程也是必要的，但公司相信人们会遵循流程，因为这可以根据他们及其团队产生的成果来进行衡量。在外人眼里，该企业似乎营造了理想的工作环境与商业模式，并且多年来的利润也证明了这种策略的准确性。

企业中的每个人都极其努力地去工作以维护这样理想的企业环境，从理论上讲，这将保持较高的敬业度、留任率与忠诚度，并带来利润率的提高。这项改革工作大约需要 3 年时间完成，两个新办公点的创立是该项目的最后部分。在工作日，整个公司都挤满了为该项目一起工作的人们。即便是远程团队，也会经常聚在一起出谋划策。人们会因项目接近尾声而感到兴奋，从未抱怨过他们为企业投入了额外的时间和精力。在改革的过程中，人们培养了良好的人际关系，彼此成了朋友，并培养了对企业的感情。事实上，在改革的过程中，整个企业的员工都在推荐朋友们加入到自己的企业当中来，因为这是一个有趣的工作场所，每个人都对未来感到乐观。

除了最后两个只有少数人工作的办公点，这个改革项目在一年半之前完成了。最近，史蒂夫注意到企业的关键业绩指标出现些许令人担忧的下降。敬业指数开始下降，且多年来留任率开始成为一项问题；人们似乎不再像几年前一样，热衷于成为企业的一分子。事实上，过去 6 个月的留任人数表明人们不再像之前一样，对企业忠诚。当然，经济上的竞争给人们带来了更多的压力，改革十分艰难，但该企业在过去的几年里每次经历困境似乎总是能够迅速恢复，但这次有些不同了。尽管项目完成了，大多数人也都恢复了日常的工作，但他们似乎比往常疲惫。史蒂夫对此很担心。

史蒂夫与他的管理团队不太清楚到底发生了什么，或者他们能做些什么来改变当前的状况。新的商业模式是规范的，而且所纳入的专家与案例研究展现的一切成果都发挥着应有的作用。企业的每一部分都是稳定的，经营流程恰当，产品与服务符合市场需求。该团队还特地聘请了一家高端第三方咨询公司以验证企业结构的合理性，并帮助完成改革进程。产品与服务还是没什么问题，销售继续按照预期向前推进，但内部运作与向客户出售第一次服务后的后续服务开始变得不对劲，客户甚至开始向他们的竞争对手转移——这意味着另一个重要的信号：情况出问题了，需要及时修补。

史蒂夫的企业正遭受着现在大多数企业经历的境遇——人类能量危机。史蒂夫的企业就是一个例子，说明无论你怎样根据最新的经营管理手册去经营一家企业，仍然会被人类正在经历的能量匮乏所影响。问题在于，新的企业模式实际上剥夺了一种能为企业提供正能量的东西——真正的人情纽带。人们花费了 3 年的时间倾听、观察和感受彼此的能量，现在突然消失得无影无踪。人们需要彼此相连，如果他们在企业中没有任何纽带，那么他们就会在企业以外的地方寻找其他的人际关系。积极健康的企业想出了如何在整个经营过程中创造人与人之间的联系点，因此，人们会选择留下来，并在他们工作的环境中寻找作为人类生存所需要的东西。

因此，解决史蒂夫所面临的关于员工雇佣率、留任率与忠诚度问题的方法，就是将人情纽带添加到商业模式中去。你看，史蒂夫的企业经历着员工雇佣率、留任率与忠诚度的下降，其原因在于企业缺乏能量养分。虽然新的商业模式也还不错，但它剥夺了人们迫切需要沟通交流的能量养分。史蒂夫公司的员工在改革工作完成后离职了，这并不是因为商业模式不理想，而是因为他们在企业中不再拥有人际互动，以使自己感到被尊重与接纳。企业需要建立并保持良好的人际关系，这比什么都重要。再说明一次，新的商业模式是不错，但目前史蒂夫需要将一个个人连接起来，重新融入企业中，这样企业本身就不会丧失它的灵魂。

能量养分

主动将积极的人际关系添加到企业模式是非常重要的。能量就像食物，如果你吃的食物既不含热量又缺乏营养，那么你的身体将会以生理疼痛、肥胖与强烈的饥饿感作为回应。你的身体需要维生素、矿物质和真正的营养成分来保证生存并维持健康。而富含营养成分的食物只能来自富含养分的土壤、水分和阳光。

同样，我们也需要给企业的能量注入"能量养分"。这些能量养分有诚信、关怀、宽恕沟通、真理、正直与责任等。高尚的价值观是创造能量物质的营养素，企业正是需要这些营养素来保持良好的运转。如果没有它们，企业就会以发展缓慢甚至停滞倒退作为回应。而富含营养成分的能量只能来自与有高尚价值观的人所发生的互动。

技术干扰

不谈科技，我们就无法谈论现代的人际。我们生活在一个信息瞬息万变的世界里。任何时候，我们一有问题，第一步就是"谷歌一下"（我喜欢谷歌公司的提法，谷歌不再是一个名词，它变成了一个动词）。人们利用互联网来做每一件事，因为我们只要输入一个词，一切都触手可及。事实上，谷歌非常智能，以至于你不需要完整输入这个词，它就已经给出了你要查找的内容。太神奇了！也就是说，这个信息瞬息万变的奇妙世界创造了人们对于即时回复的期待。我们过去常常发电子邮件，并期望在24小时内得到回复。然后，这种期望变成在一天结束时得到回复，再往后，我们期望对方在几个小时内就给出回复。如果这还不够，我们就会给对方发信息，并期待他马上回复。如果我们的信息在发送后5分钟之内没有确认收到，我们甚至会感到愤怒。哇，我现在可以去洗手间了吗？可以，带上你的手机！

让我说得再明白一些：我认为即时信息是很有用的，有效的科技能使企业变得多产而高效，这没什么不好。然而，我们的社会已经沉迷于即时信息，沉迷于时时刻刻与人连接。我曾经错过一个重要会议，仅仅因为我把手机落在家里了，于是我又调转车头回了家。而真正可笑的是，我根本没有接到任何重要电话、短信或者电子邮件，我只是觉得没有手机就没有安全感。没错，毫无安全感。我担心如果不把智能手机放进裤兜，就可能会错过一些事情。我这样做已经不止一次了，尽管我一直随身携带着笔记本电脑和平板电脑。即使拥有其他完备的电子产品，我还是很担心，因为我没有将我信赖的"伴侣"带在身边。真有意思，我居然用了"伴侣"这个词。但我相信这个词用来形容通信工具，对于当今世界的普通人来说是十分恰当的。

在当今社会，科技已经成为我们的伴侣。我们寻找网络恋情，融入社交媒体，不断收发短信。现在，通过短信进行顺畅的对话是可行的，而那些对话则被称为"短信对话"。一般的企业职员每天共收发115封电子邮件——数量庞大。人们平均每天花费30%的工作时间来阅读和回复电子邮件。在全球范围内，人们每月平均上网时间为16小时；在美国，则攀升至每月32小时。美国的笔记本电脑用户在Facebook上平均每月花费6小时，移动手机用户则花费11小时。如果你是一个游戏玩家，你平均每天花90分钟在线打游戏。如果计算一下，普通企业职员每周在线的时间高达38小时——这是一份全职工作，且只取平均值。如果你在平均水平之上，花费的时间可能会更高（本段引用的数据来自全球知名分析公司The Radicati Group, Inc、麦肯锡全球研究院、Go-Gulf网络公司、ComScore公司以及MyRealGames.com）。

令人震惊的结论就是，大多数人的生活伴侣是他们的智能手机、笔记本电脑和平板电脑。我不太明白为何每个人都在网络上寻找爱情；他们的手机总是形影不离！谁还需要人际互动呢？你需要的就只有"谷歌"……直到你发现自己疲惫不堪，能量耗尽。请在真人和你互动时更专注些，通过他们的声音、眼神或身体接触感受到他们的能量，并了解到你是被尊重与接纳的。我的朋友，这才是真正的人类能量危机。即使我们与每个人、每件事都有关联，但我们却是饥渴的、孤独的，因为实际上我们与任何人都没有关联。人们没有停下来，花费足够的时间去体验正能量的来源——人际互动。

我们对科技的依赖和我们无法活在当下是阻碍人们获得正能量的主要障碍，因为人们认为科技与电子通讯比人际沟通更重要。解决办法不是去抛弃科技产品、即时信息与无纸化操作。事实上，所有这些元素都是非常有益的，只要它们不剥夺人们与企业的能量。如果你希望自己的企业依靠正能量蓬勃发展，并建立一个能量生态系统以促进利润增长，那么你就需要优先建立真正的人际关系，而不是改善企业中每个人使用的高科技设备。这意味着会议期间，人们将关掉这些设备，参与到对话中去。除非你在做笔记，否则请关闭你的笔记本电脑。这意味着在一对一的交谈中，不能发短信、查看电子邮件和接听那些并不属于紧急情况的来电。如果要开会时，你正好在办公室，那就选择出席会议并投入其中，而不是假装你是远程办公人员。如果你想获得正能量，重新恢复良好的状态，你需要把人情纽带放在比科技更重要的位置。

　　这些年来，有许多客户来找我，担心他们团队中的成员、他们的老板或者其他一起工作的同事并没有真正地聆听。他们感到沮丧，因为即使他们已经反复通过电子邮件、短信和语音邮件请他们的同事做某些事情，或者做出回应，但却什么也没有发生。他们觉得不被尊重和赏识。他们总是说："我是这世上唯一真正在乎自己的人吗？他们知道我的存在吗？"我总是问他们同样的问题来作为答复："你与他们交谈过吗？你有进行过真正的对话吗？你应知道，我指的是那种两个人坐下来，一边喝着咖啡，一边进行的交谈？"他们的回答通常都是相同的："没有，我还没有尝试过那种方法。"所以，我告诉他们："真正的交谈是具有魔力的。在情况变得更糟糕之前，或许你应该先尝试着去交谈。如果你看着他们的眼睛，花时间和他们交谈，给予他们一个人应有的尊重，实际上，你可能就会得到想要的回应。"

人际关系

人与人之间都需要信任。除非人们在交往中感受到信任，否则人们无法产生关爱他人之心。企业若关爱员工，员工的潜能就会得到激发，使想法与愿景成为现实，因为它让人们真正地感受到信任、认可与保护。而人际交往的正能量也会为每个人创造自由，让他们感受到这个世界的尊重与接纳。只有当企业内部的人际网络保持良好状态时，企业中的每一个人才会展示出最佳表现和参与度——因为行动、热情、意志、毅力与成功的欲望正是存在于人际关系之内。

如果你描绘了企业的人际关系图，你会看到一张大网连接着每一个人，每一条线都暗含着着一种人际关系所引发的情绪。当关系网处于健康而平衡的状态时，那些情绪就是被尊重、接纳并理解的。一个健康的关系网传达着这样的信息："我能够与外界产生联结。"当它处于不健康或紊乱的状态时，害怕被遗弃的情绪就会被激起，并威胁到人们的社会地位、经济安全与自我认同感。一个不健康的关系网传达着这样的信息："我需要保护自己，这样就没有人剥夺我的东西。我必须保持警惕，隐藏我所有的真实情绪，这样它就不会被利用。如果我表现出真实的自己，那么我就会处于危险之中。"

我们每个人都有过不愉快的交往经历，而在某种程度上，这些经历引起了我们对世界敞开心扉的恐惧。如果你想拥有一家积极健康的企业以促进利润增长，那么你需要有意为人们创造机会，使他们建立彼此信任的人际关系；并向所有人证明，以前他们彼此不信任的人际关系不适用于你的企业。你的企业需要向每个员工证明表达自己的情绪是安全的。

与工作中的大多数人一样，我费尽周折才明白关系的重要性。我在一个父母离异的家庭中长大，为了维持生计，妈妈不得不同时做三份只有最低收入的工作。我是典型的 X 一代 [1]。我的姐姐、哥哥和我都是钥匙儿童 [2]，自己照顾自己——这就是生活。与许多人一样，我自己照顾自己，并且十分独立，但却感觉被彻底遗弃了。即使我的父母都在我的生活中，但是由于某些生活境遇，我觉得自己被抛弃在角落里独自生存。那是我第一次开始保护自己免遭遗弃。内心的壁垒已经筑成，因为我害怕，如果我全身心地去爱一个人，完全敞开心扉，而那个人一旦离开，我将被独自遗留在角落里。我决不能让这样的事情发生。所以我决定不让任何人走进我的世界；这样，我就不会受伤，问题也就解决了。

这种解决方法为我的事业带来了成功。虽然在内心深处，我确实对生活充满了热情，喜悦的心情仍然溢于言表，但那种热情与喜悦却被我对遗弃的恐惧所掩盖，被我病态的自我保护所控制了。而这一选择将我内心真实的情绪变成了虚假的情绪。

时间慢慢过去，我继续做着大多数人做的事：我假装自己很好。外表上，我总是面带微笑，发出爽朗的笑声，充满自信和喜悦；内心里，我却感到孤独，迫切渴望有人能真正地爱我，谁都可以。所以，我并不知道，是谁让我有被爱的感觉。而作为回报，我给予他们所谓"虚伪的爱情"。当发

---

1 X 一代（Generation X）：指 20 世纪 60 年代到 70 年代初出生的美国人，而这批人身上有着不同程度的不负责任、冷漠和物质主义等特点。这个词是在加拿大作家道格拉斯·库普朗 1991 年出版的名为《X 一代》的书中出现之后流行起来的。

2 钥匙儿童（latchkey kids）：钥匙儿童就是脖子上经常挂着钥匙的小孩，他们一般十来岁，在城市生活。但因父母外出学习进修或经营公司等，他们留守在家，或是被寄托给亲戚、祖辈，成为有别于农村留守孩子的一个群体。

现你正在将自我展现在某个人面前时，就会发生虚伪的爱情，但你实际上是在保护自己，并掩盖害怕别人看到你内心真实想法的恐惧——担心如果他们看到真实的你，会不喜欢你，甚至更糟，他们会不爱你。所以，我想，这种虚假的爱情一直发生在我身上。然后，我发现自己处于一种纠缠不清的情感关系中，这使我更加害怕其他人进入我的世界。所以，作为一种解决方案，我建造了一面更加厚实的自我保护壁垒。这一次，我确保墙体里填满了水泥，保证将所有人隔离在壁垒之外。这个方案竟然起作用了，就像那虚假的爱情一样。大约我就是这样想的。我放弃了这段感情，用我的壁垒包围着自己，不出所料，我感到越来越孤独。尽管这个世界认为我很好，我周围有许多朋友，但我是孤独的，渴望得到爱。

几年过去了，我经历了一次失败的婚姻，事业的起起伏伏，我用许多学位与证书向世人证明着我确实是有价值的，并且值得被爱。我想如果我外表上看起来很成功，人们就愿意花时间来真正了解我。我花了很多年向人们展示我有多聪明，用智慧作为一种方式，让我觉得自己是被尊重与接纳的。在工作中，那种做法在一段时间里确实发挥了作用。后来有一天，我终于决定离开公司，开始建立自己的企业，不久我就深受打击。我在公司工作时，是不可能有这种独特的经验的。当时，我满怀信心地离开了，我很自信地认为自己会非常成功——因为我"很聪明"，还有着人们所看重的经验。

你能够想象当企业无法正常运营时，我有多惊讶吗？到底怎么了？我做错了什么？我是根据管理规范来经营企业的，它应该平稳运营呀。这便是我所学到的：我的企业之所以不成功，是因为我没有建立人际沟通。事实上，我甚至不知道应该如何去建立。那才是问题。谁会想和一个没有与他们建立信任关系的人做生意呢？不会有任何人！当你在一家企业工作时，也是一样的。谁会想和一个没有与他们建立信任关系的人一起工作呢？因此，建立相互信任的人际关系是唯一能够使我的企业步入正轨的方法。

通过自身的体会与大量的交谈，我意识到自己能与其他人真正建立关系的唯一方法，就是我能否先与自己真正建立关系。唉！我甚至都不喜欢自己，不相信自己，因为我为一生中所有消极的经历而责备自己。所以我必须学会先看清自己，原谅自己与他人，并且放下包袱。在期待其他人看到我的价值，接纳我，并了解我之前，我必须学会看到自己的价值，了解自己，并接纳自己。我知道，只有那个时候，我才能够真正建立基于信任的人际关系。

这就是我的旅程开始的地方。我的旅程并不轻松，我必须以一种健康有效的方式卸下情绪包袱，拆除用于自我保护的壁垒，选择将他人与自己一视同仁，像爱自己一样去关爱他人。选择正能量意味着我必须向人们展示内心深处最真实的自己。你知道，人们不会因为你智商高或情绪起伏大而与你交往。他们之所以与你交往，是因为你的真诚和你真正想与他们连接的愿望。当两个人愿意将自己的软弱展示给对方时，他们的正能量发生了彼此交换。

我不再将自己视为受害者，一个需要自我保护以免遭遗弃与伤害的受害者。同时，我意识到那些选择咒骂并过着不正常生活的人们，实际上极其害怕变得脆弱和感到无能为力——而这并不是我自身的原因。所以我学会了划定合理的界限，重新获得了自主的权利。从此，这本书中的其他原则开始发挥作用，我变得擅长建立真正的人际关系，而我的企业也开始兴旺起来。你看，我们生来就是彼此相连的。我们与世界上的其他人们同步度过这一生。积极健康的人际关系是我们充分享受生活、享受工作的必要方式，但最重要的是，我们要与自身建立良好的关系。

如果你想拥有一家积极健康的企业以促进利润增长，那么你需要充分理解并接受这样一个事实：企业中的每个人都有自己的故事。每个人带进企业的故事都影响着整个企业的关系网。要建立一个健康、成功的能量生态系统，你需要有意识地创造机会，使人们看到自己和他人的价值，接纳自己和他人，并了解自己和他人。这意味着你企业中的人们必须与自身建立良好的连接，同时还要与企业中的其他人建立良好的人际关系。你可以通过本书所阐述的方法，要求员工经常进行沟通，为他们创造机会分享自己故事的机会。

坦荡的领导力

"坦荡"就是真正地向每个人展示自己，真诚地分享自己的故事，让人们能抛开你身上的所有外在标签。以一个"人"的角度来看待你。

人们常常认为领导者不是普通的人。真正的领导者应该会被所有人爱戴和尊敬，而且无论他们主管什么领域的工作，都会有一群拥护者愿意为他们工作。人们都希望自己的领导者是完美的。领导们也竭尽全力扮演一个完美的角色，但是，他们往往忽略自己"人"的一面了。他们知道自己是有人情味的，大多数与他们同级别的人也知道他们有人情味，而企业中的其他人则认为他们毫无人情味。这种认为领导者没有人情味的观念对企业来说是极为有害的，因为人们只与那些愿意展示自己的弱点，并真正愿意与其他人建立人际关系的人产生连接。如果你的领导者甚至不愿意花时间与员工真诚地交谈，那么员工就会用负能量阻碍企业发展。

坦荡的意思就是做一个言行一致的人，并在一切行为中尽力保持善良。

如果你没有表现出自己是一个会关心他人的人，那么就没有人会真正跟随你。即使他们这样做了，也只是出于恐惧，他们会尽快离开你的领导圈子，决不回头。坦荡还意味着愿意分享自己的故事，愿意倾听别人的故事。你会愿意放低身姿，亲自询问员工工作是否存在问题和困难，并征求他们的意见，因为你关心他们。如果你在想，我并不关心，那么，说明你还没有准备好成为一个领导者。

使自己保持坦荡，并表现出自己是一个会关心他人的人，这将是所有领导者的首要任务——正是那些尊重、理解并接纳不同人群的领导者才能够成功地领导员工前进。而那些不会关心他人的领导者则会将负能量毒素释放到企业的每个角落。如果这些领导者继续选择释放负能量毒素，不发挥正常的功能，而你继续让他们担任领导者角色的话，那么你正在摧毁自己的企业，或者至少是继续沿着一条走向枯竭的路行进。

多样性

在第六章中，个人权力实践活动中的"没有尊重，说什么都不会听"这个部分里提到过多样性。企业中，歧视仍然无处不在。在企业中每一个人都尊重其他人之前，负能量的毒瘤将继续在整个企业中传播，以自己的方式危害一切。企业内的每个人都需要互相尊重，因为尊重是通向人情纽带的大门。

人情纽带是能量的来源。除非你能够摆脱歧视性的思维，否则就不可能与他人进行连接。如果你心中仍有歧视，那你就生活在负能量之中，而这会使你继续受到伤害。怎样解决这个问题呢？企业中的每个人需要接受多样性。不管差异有多大，每个人都需要彼此尊重、接纳并寻求对方的理解。人们不必害怕彼此，而是需要相互支持。人们不必为了掩饰分歧而找借口，而是需要承认自己的恐惧和限制性思维，才能够克服它们并做到相互尊重。企业中的人们需要明白：只要站在平等的立场上，人人都能做到包容的接纳。

激活过程：以人为本，以自己的故事为荣，以及千万别当魔鬼

为了使能量生态系统顺利运行，企业的关系网需要保持平衡，并传播正能量。要做到这一点，你的企业需要将人性要素放在比技术与管理系统更重要的位置。我并不是说技术与管理不重要，但当涉及创造能激发行动的能量时，必须以人为本。以人为本意味着建立良好的人际关系，发展坦荡领导力，尊重多样性，这些已经成为企业发展的核心驱动力。只有在那时，实现真正的人情纽带是可能的。企业应将以下3项政策纳入日常经营之中：

1. 以人为本。

2. 以自己的故事为荣。

3. 千万别当魔鬼。

人情纽带是能量的来源。如果你希望自己的企业依靠正能量蓬勃发展，那么你需要确保企业中的每一个人都能够以健康并且有意义的方式相互连接。

以人为本

1. 把科技产品放在一边，不要使用科技产品故意逃避人与人之间的接

触。把笔记本电脑放在一边，真正参与到会议之中。当你确实在办公室时，不要假装自己是远程办公人员。除非是绝对紧急的状况，在与他人交谈时，不要查看短信、电子邮件或接听电话。所有这些行为都很粗鲁无礼，并且成为建立人际关系、与他人积极沟通的障碍。

2. 经常与所有和你一起工作的人进行交流，包括与企业领导者至少每周进行一次一对一的谈话。要求人们不要通过电话交谈，尽可能地亲自会面，并作为团队聚集在一起。这一政策只是表明，在任何可能的情况下，每个人都需要把人与人之间的联系放在更重要的位置。

3. 询问别人问题，设法理解他们的观点，并亲自向你所关心的人们展示——这条信息是专为企业领导而设的。你与团队建立信任关系的唯一方式就在于你是否真正关心团队中的成员。关心意味着你亲自询问关于他们的问题，但不仅限于工作相关的话题。亲自去了解每一个人，跟他们成为朋友。没错，你可以同时成为一个人的朋友和领导者。要想当好领导，就得放弃那种自己同其他人区分开的日子。事实上，如果你将自己与他人区分开，那么你正在把负能量注入自己的企业，因为只有良好的人际关系才能激发潜能。

以自己的故事为荣

我们每个人都有故事，每个人都需要为自己的故事而自豪，无论它在人生旅程中给予你什么启示。我们的故事讲述着我们内心的真实想法，通过与他人分享自己的故事，人们之间的信任关系逐渐建立。让我说得更明白点：当你的企业实施"以自己的故事为荣"这个政策时，人们并不会急于分享他们的故事。没关系，因为这并不是重点。这项政策是"以自己的故事为荣"，而不是"分享自己的故事"。这项政策表明每个人都为企业带来价值，而他们的故事则是使他们独一无二的重要因素。如果人们选择与他人分享自己的故事，那就太好了。如果政策只是强化了他们被尊重与接纳的事实，而且人们也想了解他们，那也很不错。无论哪种方式，"以自己的故事为荣"这项政策开始为人们创造机会，以便他们与自身和他人建立良好的关系。

只是通过发表"以自己的故事为荣"这样的声明，并在整个企业中予以实施，人们就会开始思考自己的故事，而曾经埋藏在内心深处的想法也开始浮上心头。个人问题将拿到桌面，企业将为人们创造治愈感情创伤的机会。这似乎听起来很可怕，但实际上却并非如此。这并不会给企业带来负面影响；事实上，它还会产生相反的效果。它能确保人们开始彼此交谈，相互支持，成为更亲密的朋友。

千万别当魔鬼

当我发现谷歌公司"千万别当魔鬼"的政策时，它已经迅速成为我最喜爱的企业之一。每个企业都需要将此政策纳入其整个经营过程。这项政策直截了当，无疑会为你的企业注入正能量。它的内容是：千万别当魔鬼。即永远不要做任何邪恶的事情，这就够了。企业可利用此项政策来影响其员工、客户、环境及各类团体。千万别当魔鬼。如果一个行动会以任何方式对任何人或事造成伤害，它就是邪恶的，那么不要这样做。

"千万别当魔鬼"这项政策适用于整个企业，它能够对任意或全部决定做出筛选，因此适用于企业的各个层级。当涉及多样性时，它尤为重要。如果企业中的人们因为性别、性取向、种族、信仰体系或任何其他个人权利而看不起他人，并且限制他人发展的机会，那这一定是邪恶的。我知道在当今世界，我们拥有合法的人力资源管理条例来限制工作中的歧视，但歧视仍然无处不在，并且需要加以制止。"千万别当魔鬼"的政策向企业中的每一个人传递着这样的信息：因为他人不适合你为自己构建的生活模式，而看不起他人并做出负面评价，这是邪恶的、错误的、不必要的。在一个依靠正能量蓬勃发展的企业中，绝对没有邪恶行为的容身之地。下至普通兼职员工，上至首席执行官，所有人的邪恶行为都应当断除。

歧视是一个根深蒂固的问题，可能需要一些专门培训。如果这适用于你的企业，那你就需要聘请外部支持，以帮助企业找到问题的根源，因此你才能够开始推进正能量生态系统的建设。如果你不这样做，传播正能量是不可能的，因为歧视与负面评价会像瘟疫一样消耗着正能量。

企业的底线是什么？邪恶是不能被接受的——永远。如果人们做出了邪恶的决定，结果就很简单：做出决定的人、赞成决定的人及任何参与将邪恶决定付诸行动的人，都需要承担严重的后果，甚至导致企业经营失败。同样，这远远超出了管理手册中提出的政策，因为手册只是一本通常没人阅读的政策性书籍。"千万别当魔鬼"的政策需要渗透到整个企业当中，才能让人们理解它、感受它并在生活中实践它。谢谢你，谷歌，为我们铺平道路，并向我们证明了拥有10亿美元资产的企业仍然可以保持人性化的经营核心。把企业规模作为进行有害商业活动的理由，那样的日子已经一去不复返了。向着光明前行吧，我的朋友们。

因此，事实是这样的：如果你想让正能量在整个企业中得以循环，你就需要正式实施这三项政策。把政策印在管理手册上，上传到公司内网，并在整个企业的产品上都予以呈现——将它们置于每个角落。同样，这三项政策都需要被企业中的每个人所理解、感受并在生活中进行实践。

原则八：

激活责任潜能

企业的基本要素是责任，它和满足、安全有关。当企业能履行责任时，它的财务是稳定的，系统是安全的，人们能够时时真实地工作，不会出差错，事事顺利。即便没有严格的监督，人们也能够踏实完成每天的任务，按时守时，开会不迟到等。

　　这部分潜能与高度的责任心密切关联。责任心就是对自己所做的决定负责，敢于承认错误或失败，勇于为他人服务，让世界变得更美好。当一个人能具备高度的责任心时，就一定能按时完成任务，兑现承诺。如果每个人都这样，那企业的整体表现就会大大改善。

　　企业不仅要担负起对员工的责任，还要担负起对社会的责任。因为社会给了企业生存与发展下去的机会，因此企业有责任、有使命回馈社会。只有当人们被赋予使命感时，正能量才会充满。你的企业有责任让员工认识到这样的使命感，并打造出可持续发展的内部、外部回馈项目，这对于在你机构中的所有人和整个社会都具有重要意义。

集体责任

在能量场上我们都是彼此相连的，因此应互相照应。别误以为人人是彼此分离的——科学已经证实了人们的能量能够影响周围的人。集体责任意味着我们尊重机构里与所有人的联系，相互支持，并一起努力朝前。在一个靠集体责任发展的机构，人们会带着他们各自的长处走到一起，探索新世界。他们承担自己责任的同时，还对整个集体负责，这会产生一股强大的力量。

有一句名言形容集体责任很贴切。这句话是著名的物理学家芭芭拉·布兰能说的，她在观察到能量对人体的影响力时说："整个宇宙就像是一张无法割裂的巨大的能量巨网。我们并不是一个整体的被割裂的各部分，我们就是一个整体。"

内在社会责任

每一次当我向高管们询问他们对社会责任的定义时，收到的回应惊人的一致。他们说："社会责任指我们为照顾社会和我们生活、工作的社区所做的一切努力。"太好了！我继续问。于是他们会给我列出一份漂亮的名单——公司正在采取或希望采取的所有措施，希望在自己的业务范围之外能产生的影响。这确实太棒了！"你的心在正确的地方，"我会说，"再给我说说吧。"但是往往讲到这里，我看到的是一张张茫然的脸。

你知道企业通常对社会责任的定义缺少什么吗？我已经问了这个问题好几百次，但同样的问题总是没有得到解决。无论企业规模大小，无论用于社会责任的资金数额多大，或者高管团队对社会责任多么充满激情，总是缺少相同的东西。你想明白了吗？"我们的员工"是所缺少的要素。企业总是忙于开拓各种业务，以至于常常忘记自己的人。他们忘记了最重要的人群是公司这群人。你看，如果企业对自己的员工像对世界其他地区一样关心，那么我们的企业、我们的社区及我们的世界将变得更加健康。如果企业内部的人得到了关心，他们将有力量、精力和愿望去关心他们的社区。

你的公司可能有这样那样的福利，甚至可能有一个员工健康的专项计划。这些都没有错，但这些只是一个开始。如果你想为你的企业注入健康的能量，你需要开始照顾每一个个体，照顾他们的基本需求。照顾他们的基本需求就是照顾企业的基本需求。你的业务系统必须公平并充满爱心地满足人们身体、就业、资源、道德、家庭、健康和财产安全等需求。你看，这些正是在当今世界受到威胁的需求，很多人实际的这些需求都没有得到满足。这种对人类基本需求的威胁对人们的情感系统造成了严重破坏。这些负面情绪正在给你的生意注入有毒的能量，所以，如果要想你的企业寻回健康的能量，你就有责任帮助减轻这些威胁，为你的员工带来更大的福祉。

就业、家庭及资源

就业、家庭和资源都集中在一件事情上——金钱。我们有足够的钱，才能在这个世界上生存。传达这一基本需求的声音是这样的："我需要知道我有足够的资金为我和我的家人提供食物、住所和温暖。" 商界充斥着兼并、收购和裁员，完成这一个目标充满挑战。然而，每个企业都可以控制几个基本因素，如公平的薪酬及有责任心的运营。

公平的薪酬意味着你支付薪酬的方式必须公平。如果两个不同的人在同一个职位，做相同的工作，对相同的任务负有责任，你就必须支付他们相同的起薪。如果你给他们的起薪完全不一致，这就是不公平的薪酬。这样做是不公平的。不管那个人在谈判薪酬时谈判技巧有多高，都不应该影响薪酬水平。如果你为相同的工作职责付不一样的薪资，这就是邪恶的，你应该知道，你的企业不能做邪恶的事情。你可能在想，经验、教育和业绩应该体现在薪酬上。是的，所有这些因素都应该考虑到，并体现出一个人在业务中的重要性。是的，人们也应该因为出色的业绩而得到奖励。所以应该按这样来：找出所有决定因素，然后确定每个人接受他所承担的工作职责的起薪点，并且只雇佣符合这些决定因素的人。可以招聘条件例外的人，但是大家的起薪应该与同职责的人相一致。

我曾与无数企业合作过，这些企业有多人在做相同的工作，但薪水却不一样。在这种情况下，有些人的收入比其他人少上千，这是因为做出雇佣决策的人觉得其中一个人应该得到更高的工资。在岗位职责上，薪酬差异竟然有时候超过了 10 万美元——这还不包括高管层的情况。有的企业试图摆脱"薪资与级别对应"的束缚，试图让需要相同经验和教育的同一份工作，却存在 3 万美元的薪资差异。这种现象甚至发展为一种手段——我也这样干过。有的员工也在使用"邪恶"的伎俩。他们先是接受一份工作，在工作过程中，通过和朋友们的沟通了解到该职位的最高薪资。他好好地干一阵子，业绩突出，然后就辞职了。几个月后，他告诉别人他的想法变了，去和老板讨价还价，希望得到更高的薪酬。结果，他得逞了，成为这个职位的薪水最高的人。这种现象无处不在，不管在什么级别，不管在任何行业。

工资差异会让那些薪水较低的人产生一种怨恨情绪，这种情绪会像瘟疫一样发展，消极的能量会进入你的业务系统。如果你不能为每个工作职责相同的人提供同等的薪资，那么你就是在歧视别人。不管"薪级"这一说法有多合理，也不管你处在任何行业，都是大错特错。不要作恶，不要歧视别人。奉行同工同酬。如果你不这样做，就会在你的整个业务中注入负面能量。

每个企业都能控制的第二件事是负责任地管理内部运营。是的，收入和其他增长指标很重要，但如何管理内部运营决定了企业实际赚多少钱。精力充沛、健康的企业负责任地管理其内部运营。领导者既要慷慨大方，又要在财政决策上谨慎负责。企业中的每个人都了解自己的角色如何真正提高绩效水平，每个人都对自己的绩效负责。当挑战出现时（因为经常会发生这样的情况），企业会由集体机构提出可持续的解决方案，而不是依赖于董事会里少数几位领导者的讨论。

道德感

同样，这也是"不作恶"政策发挥作用的地方。人们在内心深处必须需要知道他们没有被要求做一些道德和伦理上错误的事情。这包括但不限于将化学品倾倒在我们的海洋、河水和土壤中，歧视他人或对他人轻易做论断，以及为了给他人擦屁股而撒谎。

健康与身体

　　肥胖、工作压力和慢性疾病确实是当今世界的杀手。这个世界上的很多人没有能力负担医疗保险，他们没有资金购买健身卡，他们不知道如何能预防身体疾病。这种状况对于大多数在商业机构里的雇员来说，是很普遍的。

　　以健康能量为动力的企业能够为在企业中工作的所有人提供基本的健康资源。在一个能量充沛、健康的企业中，高管和全职员工并没不比兼职小员工享受更多的健康福利。企业中的每个人都享有同等的健康福利，这些福利足以确保每个人对健康安全的基本需求得到满足。讲得更清楚一些，世界上每个人都有责任照顾自己的身体——我们只有一个身体；还需要澄清的是，我并没有告诉企业主，他们必须承担健康保险和健康教育的所有责任。然而，我要说的是，能量充沛、健康的企业有责任积极规划如何向企业中的每一个人提供知识和资源，以确保企业中的每一个人对自己的健康都有安全感。这意味着那些负担不起医疗保险费用的小企业，可以与非营利组织合作为企业中的每个人提供医疗保障。

　　健康安全的第二个要素是非传统医疗。市面上的健康产品、健康项目层出不穷，但人们的身体作为生存的核心，只需要3样东西：

　　1.不含化学物质且对身体有益的食物。

　　2.在每一天、每一周、每个月、每一年都能获得充分休息的时间。

　　3.保持适当的锻炼。

　　如果你的商业机构想要健康的能量，如果你想要一个能激励大家并创造一个能够赢利的、充满活力的商业机构，那么必须重视这3件事。你总会看到人们把不健康的食物往喉咙里塞，没日没夜地加班，整天都坐在办公室里一动不动。因为他们认为这在商业机构里再正常不过了。如果你不开始重视这样的问题，你会发现企业的健康问题将越来越突出。

对外社会责任

人类社会的未来掌握在人类自己的手中。如果我们想要一个美好的未来，想要给后代留下一个美好的明天，我们必须认真对待自身存在的各种问题。当前，每个人都在谈论世界和平、改善环境，以及获得健康和幸福——这正是我们必须面对的问题。如果我们想要一个健康的未来，我们的世界就必须改变，只有当我们理解为什么存在伤害，为什么人类和我们的世界都在受苦，改变才会发生。人是破碎的，只有当我们修补了自己的伤害，才不会不断发泄到地球上或彼此身上。充满问题的商业行为是造成伤害的原因，只有修补充满问题的商业行为才能根本解决问题。

在世界各地，商业都具备集体力量来改善我们的生存状况。通过集体的手段（有时是个人的手段），商业机构有足够的资金和人才来克服我们给人类和地球造成的巨大伤害。无论是环境的治理还是个人幸福的实现，商业机构都有能力让改变发生。

由于食物中添加了过量的化学物质，人们患癌的概率大大增加。我们不能在淡水湖泊中安全地游泳，因为我们的水有毒或正在变得有毒。我们越来越无法从海洋中获取食物，因为海洋中充满了垃圾，鱼类充满了毒性。全球变暖是真实的，我们的地球因为饱受折磨，正在经历极端的天气。天空中的阴霾是真实的，为了赚钱，我们不断将废气排放到大气中，即便我们有相关技术能净化大气，然而和人类不断膨胀的欲望相比，这也仅仅是杯水车薪。

改变迫在眉睫。如果我们要创造一个和平的地球，使人们可以随处获取安全的水和食物，海洋中也没有化学物质，人们可以再次感觉健康，那么改善人类的健康和福祉必须成为每一个存在的企业的核心目标。如果不这么做，人们很容易被这些问题所困，重重的决定将让我们的世界不再需要财富——因为连人类都将不复存在。尽管有各种关于健康和福利项目，但只有当每个企业选择"不作恶"的政策时，我们的世界和全人类才能停止遭受苦难。

你可能在想，你不能只责怪商业机构。我的回答是就应该问责那些功能紊乱的商业机构。我们所处的有害状态都可以归咎到没有发挥功能的企业上，因为这就是事实。你看，这是纯粹的经济学：商业机构、政府和消费者共同做出功能失调的商业决策。从表面上看，这3个经济成分似乎是分开的。事实上，你可能会说："消费者需求是企业选择生产商品和服务动力。消费者可以停止购买。政府可以帮助平衡和保护消费者免受不良商业行为的影响，并确保生活在其管辖范围内的人民的利益。政府可以关闭行为不端的企业。"从表面听起来不错，但现实是无论你站在经济的哪一方——商业机构、政府或消费者——大家都是一丘之貉。

你看，不能尽责的商业机构给同样不能胜任的政府资金，用以游说。政府官员持有商业机构的股票。这种情况经常发生在台面上或台面下。商业机构已经成为心理学大师，并且已经掌握了如何操纵营销，来提高消费者的购买力，以利于销售他们的特定商品和服务。消费者也持有公司股票，尽管大多数人作为个人来说，都非常关心世界，都想为人类做好事，但还是有许多没有责任心的消费者，他们将钱投资在那些能给他们带来最大投资回报的公司，不管那些公司的做法是否善良。此外，消费者选择放弃他们的权力和政治权利，因为他们没有选择教育自己，以及真正使用他们拥有的权利和权力。衡量一个社会功能是否有问题的标准是 GDP。我为何花了篇幅特意在导言中定义了"Business"一词，因为这个定义与这本书通篇都有关。再重申一遍："Business"是这个词可以应用于政治、宗教、私人或公共商贸中。但是我用"Business"一词来形容任何试图营利的组织或实体。

有一点很重要：邪恶的不是金钱本身，而是通过敛财掌握权力的做法。这个世界上数以百万计的人是尽责的、拥有健康的能量，并且有能力改善人类和地球。世界上有很多优秀的商业机构每天都在发挥积极的作用——不管是营利还是非营利。你看，金钱本身是美丽的，我们需要大量的金钱才能使这个世界再次健康地运转。全世界和全人类都将再一次变得健康，这是会必然发生的。因为我们中有太多充满健康的能量并强大的人，他们正在齐心协力改变这个世界。作为一个集体，我们正满怀激情，坚定不移地打这场战争，我们唯一的武器是信念、希望和决心，我们将赢得胜利。

如果你还没有这样去做，请睁开你的眼睛，环顾四周，走出自己的小圈子，亲眼去看看那些糟糕的商业决定给我们的世界所带来的痛苦。然后选择改变。请成为一个尽责的人。请把健康的能量带回这个世界。如果你已经睁大了眼睛，谢谢你——请继续尽你所能改变这个世界，帮助人类和我们的地球好起来。

激活过程：让责任"扎根"

以下是为您的能量生态系统创建基础的计划和策略。让责任感保持可持续发展的方法就是：让它像根一样牢牢地、安全地植入地下，它可以为商业机构提供生命能量。人是这种赋予生命的能量的源泉，而商业机构中所有的人需要得到关心和照顾。

对内社会责任计划

当人们有机会成就一件宏大的事业时，他们就会充满健康的能量，当他们确信自己的基本人类需求是安全的并得到满足时，就可以自由地成就那些伟大的事业。以下政策和流程旨在通过创建一个对内社会责任计划和一个对外社会责任计划，使无论是对内还是对外的社会责任项目可以为商业机构提供健康能量，让健康能量在机构内部流动，也流向世界的其他部分。

（1）对内人道主义经费

对内人道主义预算指在形势所需时，领导者提供能照顾团队成员的资金。这些资金是需要帮助的人可以得到的，类似于赠款的运作方式：不附加任何条件。例如，有人因为各种变故而失去了住所。另一个例子可能是有人发现孩子得了晚期癌症，或患上了其他严重的疾病。人道主义经费旨在满足企业对内人员的基本需求。

重要的是不能弄得过于复杂。一旦开始各种烦琐的程序，人道主义经费就会被不良的能量毒害，难以消除。这种麻烦感会让领导者带来健忘症——他们会对这笔经费的存在感到恼火。所以一定要简单。每位领导都有一笔可以立即付掉的经费。商业机构中的每个人都应该知道这笔经费。不要对其进行微观管理，而要远离烦琐的程序。这是一种信任、爱心和自由的体现。

（2）社区交换网站

社区交换网站是一个在线程序，它在人们需要的时候，为自己或企业内部的其他人的秘密请求提供帮助。该网站的功能只是交换，并允许企业中的每个人都要对别人的需求做出保密的回复。同样，没有附加条件。交换的项目可以包括日用品、服装和学校用品。这项计划的目的是让机构里的员工有机会在别人最需要帮助的时候关爱彼此。该计划的保密性使人们能够安全地参与，而不会感到任何难以启齿或内疚。

（3）公平薪酬政策

公平的薪酬政策意味着薪酬方式公平合理。如果两个不同的人在同一个职位上，做同一个工作，负责同一个项目，就应该支付相同的底薪。如果你的员工在开始工作时就得到完全不同的底薪水，是不公平的。是的，教育背景和工作经验都应有所体现，所以一开始就要确定职位条件，然后确定每个人在接受这个职位时开始的薪金，并且只雇佣符合职位任职条件的人。如果招聘到条件例外的，也没什么问题，但这个人仍然需要拿和同一职位的人相应的工资。此外，绩效工资必须以成果为导向，通过公平的方式全面执行。

（4）"不作恶的政策"

让我重复一遍第七章的内容，因为这一点非常重要：不要作恶。永远不要做坏事。这适用于任何的业务，无论是商业机构内部员工、消费者、环境或任何类型社区。一旦一件事对任何人或任何事有害处，那就是邪恶，千万不要这样做。"不作恶"政策适用于整个机构，用来对所有决策进行过滤，适用于所有企业和所有层面。这一点在多样性方面尤为重要。如果你的机构中有人由于性别、性取向、种族、信仰体系或任何其他个人权利限制别人的机会，就是邪恶的。在一个依靠健康的能量发展壮大的商业机构里，绝对没有容忍邪恶行为的空间。无论是兼职的小职员还是 CEO，都不能有这样的邪恶行为。

（5）健康福利

在一个能量健康的企业中，高管和全职员工并不会比兼职小员工获得更多的好处。企业中的每一个人都享有同等的健康福利，这些福利足以确保满足每个人对健康安全的基本需求。

（6）有机食物、淡水和每日散步

有一天晚上，我在一个心理课程上与老师分享，我正在做我可以做的所有事情让自己充满正能量，但我仍然非常疲倦。那天晚上在课程中间我竟然累得睡着了。她对我说："你今天给自己吃了新鲜的食物和水吗？你出去散步了吗？"我看着她说""我又不是宠物。我是个人。"我们俩相视而笑，她说："我是认真的。如果你把你的宠物关在没有新鲜食物和水的地方，然后你决定不去散步，会发生什么事情呢？"我又看了她一眼，惊呼："天啊，你太对了。那太可怕了。我压根没做过这些事。"然后我又笑了起来，说道："天啊，我是我自己的宠物。我必须给自己新鲜的食物和水，带自己出去散步。这就是问题所在，我什么也没做。"她是个天才。

所以我开始像对待自己的宠物一样对待自己，而且也确实奏效了。有机食物、淡水和日常散步都会发生神奇的效果。

再说一遍，这些都不是硬科学，但是我们越来越把健康和幸福弄得过于复杂，以至于大多数时候我们忘记了要想保持健康和清醒，我们只需要新鲜的食物、水和散步。为了让你的商业机构中循环着健康的能量，确保大家都能获得有机食物和淡水，并且每个人都有时间散步。可以增加一点小乐趣，试着问大家今天是否带着自己的头号宠物出去散步了。我保证他们会哈哈大笑，笑本身就能给商业机构带来健康的能量。这使我们进入最后的内部社会责任倡议：乐趣。

（7）增加一点乐趣

好吧，对于那些决定从商业词汇中去掉"乐趣"这个词的商界领袖们，请把它放回去。我是严肃的，千万别当乐趣杀手。科学已经证明笑能产生良好的能量。人们会因此变得精力充沛，充满活力。当人们开心和欢笑时，他们的工作往往会干得更好。享受乐趣不代表着一个人就不专业——你可以同时拥有二者。如果你剥夺了自己和你所在机构的乐趣、游戏和笑声，你也剥夺了自己和机构中每个人的相同健康的能量，而健康能量往往能带来利润。

要当心，我的本意并不是倡议成立一个"乐趣委员会"，不要把乐趣变成烦琐的程序。你不能强迫人们开心。不要试图为了乐趣而人为制定一些程序——这不会奏效。请注意，我没有把政策、委员会或程序这几个字放在标题之后，仅仅是"享受乐趣"。以下是在你商业机构中如何获得乐趣的方法：不去刻意阻止它，就能办到。

当人们在走廊里笑出声，在办公室里开玩笑，或者弄一个没啥恶意的恶作剧时，不要生气。记住，我们有一条"不作恶"的政策——大家开开玩笑不会是干什么坏事，放松点。大家都在努力工作，让他们有一些乐趣。

关于对内社会责任的项目可以像一张清单一样写很长很长。你可以自由添加其他项目，只要能满足机构当中员工的需求。如果你有特殊的情况，需要设计特殊的计划，没有问题。但是切记这一个原则：当你在做企业的对内社会责任计划时，一定要保证响应企业中每个人的基本需求，包括最基本的需求，比如说笑的需求。

价值探究

社会责任通常是大企业的一个重要议题，而对小企业而言就没有那么重要。尽管如此，对外社会责任需要成为所有企业的重要议题，无论是一个人经营的商店还是一家价值 10 亿美元的企业，都需要注重社会责任。下面是任何规模的企业都可以使用的对外社会责任计划。该计划保证能为你的企业提供健康的能量，并能改善人类和世界的健康和福祉。

你的社会责任计划有 4 个关键成功因素：

1．设立专门委员会。

2．具有直接决策权的主要发起人。

3．处于优先考虑地位

4．去掉烦琐的流程。

（1）设立专门委员会

你的企业需要一个专门的委员会，应包括来自整个企业各个级别和各种工作职责的人员。委员会需要经常开会，建立统一一致的议程，对每一个要素进行评分，分数高的要素给予更多的支持。委员会的成员人数可从

6 人到 12 人不等。委员会能否成功的关键因素如下：他们必须有运行该计划的信任和自由，而不必通过 100 个流程和批准渠道才能推进工作。委员会有自由与提案人直接合作立即做出决定。

（2）具有直接决策权的主要发起人

该计划需要一位主要发起人，他在企业中拥有最终的授权，能够在不妨碍任何计划的情况下做出决策。如果提案人必须向其他人汇报才能推动计划，那么该计划将不起作用，因为程序过于烦琐。发起人可以是老板、C 开头的高管、重要的中层领导，或者是在管理社会责任计划的人，被授予决策权的人。关于发起人还有一点必须说明：无论这个人是谁，都需要在计划中发挥作用、出席并亲自参与，并且必须对领导社会责任计划具有热情。如果发起人没有这些特质，那么这个计划就行不通了，你总有一天会遇到一大堆沮丧的面孔，而你自己的能量也会被耗尽。

（3）处于优先考虑地位

作为一个明显的优先事项，社会责任计划必须是企业的三大核心计划之一。你看，社会责任计划，如果做得好，是能带动利润的。

他们推动利润增长的原因是，当人们为超越自我的宏大目标做出贡献时，他们知道自己正在改变世界，他们的绩效水平提高，他们变得更加投入，他们愿意保持对企业的忠诚。此外，消费者希望从那些将健康能量投入到真正帮助世界的企业那里购买产品或服务，而不会选择那些将不健康的能量投入到营销操纵中的企业。这给我们带来了另一个关键的成功因素：社会责任计划不能作为营销策略。它的意图必须是纯粹的；如果不纯粹的话，这将是不可持续的，因为企业内外的人最终都会发现，认为这家企业是别有用心的。

（4）去掉烦琐的流程

我喜欢当我说"去掉烦琐的流程"时，企业领导者回答说："我们需要一套流程和系统来确保大家正确地开展这项计划。我们不想把权力交给任何人。我们需要一套批准程序、筹资程序、一个委员会流程及一个小组委员会程序。如果这项计划是公司的最优先事项，我们就不能让委员会里的人说了算，我们需要层层上报。"我的回答通常是："取消烦琐的流程。相信你的员工，给他们自由，放手。这个工作不能用繁文缛节来运作，如果那样做，就会陷入官僚主义和决策过程的泥潭，而且不会有任何进展。你看，我们的世界需要改变，人类没有时间等你，明明两分钟就能做的决定，偏要因签字而花费 50 分钟。请记住 3 个要点：信任，自由，放权。"给予委员会信任和自由是关键，如果你对信任和自由的概念仍不确定，请重新阅读第五章。

此外，你的企业需要做出一个专门的社会责任计划表，以改善人类的健康和福祉。在这项计划中应该包含 3 个元素：

A. 资金

B. 高级业务合作伙伴

C. 出差

这些要素中的每一块工作可能因业务规模而有差异，但这 3 个要素始终保持不变。和业务目标地图一样，如果拥有 3 个以上的工作计划往往会让你不知所措，而且无法持续努力。这 3 大要素能帮助你的企业打造成功、可持续的社会责任平台。

A. 资金

社会责任计划必须有专门的预算、委员会和发起者，拥有足够的信任及自主权，能立即拨款。拨款决定包括以下方面：

a. 计划范围内的慈善事业的支出。

b. 计划任务旅行的费用。

同样的，不要让事情变得复杂。

B. 选择高级业务合作伙伴

你的企业还可以选择高级业务合作伙伴。

这样的社会责任计划架构的优点在于，你的企业只负责提供资金和实际支持。而你的高级业务合作伙伴负责管理计划之中的所有细节。此外，你也可以让自己或员工充当计划的志愿者。

你和你的高级业务合作伙伴选择的社会责任计划的目标，必须解决伤害人类和地球的 4 个核心问题，分别是：

a. 清洁用水。

b. 清洁土地。

c. 可替代能源。

d. 环保产品和服务。

你会注意到在这 4 个类别当中没有提到健康、幸福、食物，甚至都没有提到儿童。这是有意而为之的，因为当我们将健康、幸福和食物作为一个类别来处理时，并没有解决问题的根源——我们只是在解决问题的表面。如果不能解决问题的根源，所有措施都会沦为隔靴搔痒。例如，我们的确希望每个人都能吃到有机食物，但是如果我们继续把化学物质倾倒在水中，在我们的土地上喷洒毒素，排放碳到空气中，在未来的几年里，有机食物将不复存在。同样，医疗进步、药物开发、肥胖问题等都不是根源问题。这一点不能含糊：我认为这些问题都是值得重视的，我也欣赏那些致力于这类工作的企业，但仅仅靠这些社会责任方案无法解决问题的根源。谈到儿童，记住这个社会责任计划就是为儿童制定的，因为没有这一计划，我们的孩子将无法生存，他们的预期寿命将会持续缩短。

•清洁用水：这一项方案包括防止将化学物质、垃圾和任何有毒物质倾倒在我们的海洋、湖泊和河流中。这一类别还包括净化水质，确保全世界的人类都有干净的饮用水。水是全人类的生命之源。水是世界上仅次于能量的最大资源。

•清洁土地：这一类别包括防止将化学物质、垃圾和任何有毒物质喷洒或倾倒在我们的土壤、作物和森林中。

•可替代能源：这一类别包括倡导和呼吁可替代能源的立法、筹资和找到可替代能源。我们已经拥有将可替代能源推向市场所需的技术，现在我们需要大家一起让替代性能源成为世界上每个人必需的能源。

•环保的产品和服务：这一类别包括投资开发有助于环保事业的各种产品和服务。如果我们要想改变这个世界的健康和福祉，人们购买的商品对环境的破坏越小越好。

C. 出差

社会责任计划的一个重要部分包括出差。这样做的目标明确的，即改善人类的健康和福祉。这些出访活动应该由高级业务合作伙伴部门和商业机构来一起选择，并且还将基于所支持的计划类别（清洁用水、清洁土地、可替代能源或环保产品和服务)。出差之所以如此重要,是因为人们、社区和世界都在经历着巨大的变化。出差的目的就是要投入新的世界,让改变发生在更多的地方。

到目前为止,我经历过的最伟大的改变经历之一是我进行了一次为期两周的阿根廷之行,从布宜诺斯艾利斯到巴塔哥尼亚再到伊瓜苏瀑布。阿根廷不是一个富裕的国家。在历史上曾经富裕过,但是这个国家遭受了巨大的经济困难,许多人至今仍然生活在贫困之中。然而,作为一个访客,你永远不会知道这些情况。我接触过的每一个人都充满了一种我从未见过的内在的生命能量。每当我对视人们的眼睛时,立即看到并感受到他们内心的感激、欣赏和爱。和我交谈的人懂得聆听,会问问题,并且非常投入,能够将谈话继续下去,尽管我们互相不理解从对方嘴里冒出的语言。事实上,很多时候我们的对话都是因为互相不理解,以哈哈大笑而告终。

旅行结束时,我和那里的人都哭了。在两个星期内,我收获了友谊,都不想对方离开。但是我们说了再见,在那一刻,我意识到我实际上是在向过去的自己告别,向一个全新的自己问好。这段经历帮助我更好地接纳自己(请参考我在第七章中分享的自己的人生故事)。你看,在那次旅行中发生了什么:当我看着这些一无所有的人的眼睛时,我感觉到他们其实什么都不缺。我看到了生命。我意识到他们和我认识的所有人没有什么不同;我才是那个与众不同的人。两个星期以来,我沉浸在一种没有没有被名利和地位所干扰的生活中——那些无关重要的东西全都消失了。我活得很简单,因为我别无选择。随着所有的东西都被剥光,我才真切地感受到生命,我在别人身上看到了生命的内涵。我停了很久,所以我才有机会在与别人的生命发生连接时,看见、感受、经历到生命的意义。这一切经历改变了我。

当我回到美国时，我成了一个截然不同的人——一个更好的人。我开始用不同的眼光看待生活。这种经历是一个导火索，它使我走上了一条与我的价值观和目标相一致的道路，它帮助我开始理解当有人说"真正的关系"时意味着什么。我回到家后立即认识到，如果我停下来用足够长的时间去凝视生命，生命一定会回望我的眼睛。

出差很重要，但不是因为大家所认为的原因。当然，从物质上你帮助了其他需要你帮助的人，你用一种美好的、有形的方式对世界产生了重大影响，但真正的使命之旅和真正的改变是你在旅行结束时变了个人——一个开始真正理解生命的人。这种领悟会让你有能力睁开双眼，这种领悟有能力改善人类的健康和福祉，也能改变我们的世界。

结束语

给世界的一封信

能量在我们周围，在我们内部。它在我们的身体流动，是这个世界上唯一把我们与真实联系在一起的东西。你有没有在凝望别人的眼睛时就知道你被接受、爱和尊重？你是否曾经站在某人面前，一句话也没有，却能感到难以置信的亲密。即使你离开了那个人，你仍然可以感觉到他或她在你身边，就像你不是一个人？你是否曾经和某人在一起，体验过这样美妙的感觉——任何言语都无法解释，但你知道这是正确和美好的？在有一些时刻你知道有人能够完全看穿你，他或她能爱你并尊重你的全部。这是一种绝对信任的感觉，让你向前迈进，确信自己是安全的。正是这种力量，是我们的能量对我们面前的人产生了作用，这就是我们的能量能够给世界带来的力量。

你看，能量不会做出价值判断——它从不歧视人，而且每个人都可以得到。能量决定我们的思想和情感如何穿越这个世界。它永远不会隐藏起来，也永远不会对你隐藏任何东西，永远会传递你面前的人发送的确切信息——即使那个人试图隐藏它。理解能量就是理解这个世界上所有事物都是透明的，而脆弱只是对自己的一种个人陈述。商业机构需要变革，人们的能量越来越枯竭。我们的地球正在受到伤害。我们现在所面临的一切需要这个世界发生我们想看到的改变：金钱、技术、智慧。现在既然我们了解了能量对世界其他地方所能带来的重大影响，一切都摆在我们面前，我们不用再逃避，我们需要使这个世界变得更美好的现实。在这个新世界，人人都被接受和尊重，水是干净的，土壤可以种植营养丰富并且安全的作物，人们可以随意购买东西，旅行和照顾他们的家庭，同时知道他们的所作所为不会伤害自己或地球。人们值得过上健康的生活，你也值得过上健康的生活。这种变化需要从问题的核心开始解决，并且从带来一切问题的地方开始解决，那就是商业机构。

所以，让我们一起行动。现在就行动，这样你和世界上的其他人就可以每天早上醒来对自己说："今天又是美好的一天！"

附录

潜能测试

本潜能测试旨在帮助商业机构找到哪些领域存在不健康的能量，哪些领域需要最大的关注和措施。评估是一个很好的工具，可以帮助你和你的商业机构确定与构建能量生态系统相关计划的优先等级。我鼓励你让企业中的每个人都参加该评估，以便获得企业当前能量水平的有效衡量标准。只有通过集体评估，才能掌握企业在健康能量方面的真实状况。

这本书的目的是帮助你建立一个有效的能量生态系统，通过激励人们，采取行动，并推动可持续的利润让企业重新充满能量。要做到这一点，你的企业需要遵循商业 8 项原则。每一章都包含一个让你的企业实现最大健康能量水平的流程，我鼓励你在进行评估后重新阅读，并着手在评估存在缺陷的领域实施激活手段。该评估大致反映出你的企业的当前状态，而书中各章节为你提供了构建一套完整的生态系统路线图。请相信这个流程，虽然建立一套能量生态系统需要时间，但结果永远是健康的。

测试说明

评估分为 8 个部分，每个部分代表商业 8 项原则其中之一。每项原则下有 10 句话。仔细阅读每句话，并回答每句话正确与否。确保你在提交答案时，考虑的是整个商业机构，而不仅仅是你的某段具体经历。此外，请选择最能准确描述你的商业机构现状的答案，而不是你或其他人所希望的机构未来的状况。

原则一：激活领导潜能

领导者是否尽职是激活员工潜力和推动利润的关键。领导的能量会溢出到公司的各个方面，创造一个既可能提供生产能量，又可能使人筋疲力尽的环境。

1. 领导更关心企业高管层、企业架构和企业目标，而不是自己的员工。

2. 领导经常表现出"最糟糕"的一面或者负面能量超出正常范围。

3. 领导被政治因素束缚无法施展拳脚，在面临更好的选择时，领导容易被政治因素所左右。

4. 员工正在离职或者打算离职。

5. 员工敬业度不高或者满意度不高，因为企业还有其他优先关注选项，员工情况没有引起重视。

6. 员工对所犯的错误互相推诿，而不是承担责任。

7. 员工认为没有管理层具体许可之前不敢做出任何决定，哪怕只是简单的工作或者是照顾好顾客。

8. 各层级的人爱八卦、背后搬弄是非、抱怨不休成为企业常态。

9. 安心享用午餐成为奢望，只能边工作边吃。

10. 每日 12~14 个小时的工作时长也很"正常"。

测试得分：_____

原则二：激活愿景潜能

愿景和目标感给企业内部的人指引和智慧，知道如何向前推进。同时愿景和目标会让人变得专注和勇敢。

1. 每个商业机构中的人应该清楚地知道 5 年后的愿景。

2. 商业机构的愿景和目标不应该只包括金钱。

3. 企业目标应该是可持续的，应该和企业愿景、终极目标密切相关。

4. 商业机构中的每一个人因为愿景和目标会将这种使命感传递。

5. 商业的目标是清楚并可以实现的。

6. 商业的目标和愿景让人们感觉到，他们为企业工作的同时也在做贡献，可以发挥更重要的作用。

7. 每一个员工都清楚如何实现愿景。

8. 每个企业员工都知道并能描述未来 5 年，企业将会发展成什么样。

9. 每一个企业员工都知道自己的工作职责，因为他们参与到了工作职责的制定工作。

10. 领导们会分享目标，帮助企业中的每个人成长。

测试得分：＿＿＿＿＿＿＿

原则三：激活沟通潜能

内部沟通能让沉默转化为行动。每个企业都需要清晰而真实地传达责任和决定。

1. 每一个企业领导都能讲明行动的目的所在。

2. 每一个企业员工应该懂得如何控制愤怒，理解别人的观点。

3. 企业内部的沟通应该坦诚。

4. 无论是口头沟通还是书面沟通，都应该直截了当，不应话中有话。

5. 领导应该为正确的事呐喊，尽管正确的事并不一定受到其他领导的拥护。

6. 领导总是讲出他们真实的想法，不忽悠人，不欺骗人。

7. 企业里的所有人都应该表达自己的观点。

8. 领导所征求的员工意见能够被聆听，并帮助改善业务。

9. 领导会兑现自己的承诺，当表态后能够说到做到。

10. 每一个商业机构的人都能有主见，有情绪，表达自己的需求，在需要时提出要求。

测试得分：_____

原则四：激活目标潜能

每个员工都有自己的目标，当企业能够帮助员工实现自己的目标时，员工就会为实现企业目标而奋斗。

1. 每个商业机构中的人都能清楚地表述他们的价值观和人生目标。

2. 企业支持个人职责的变化，使员工与他们的个人价值观保持一致。

3. 企业鼓励每一个员工与其他人分享他们的价值观和人生目标。

4. 企业的每个员工都能得到帮助，找到自己的价值观。

5. 企业中的所有员工都需要做出行动方案，使他们的工作角色与他们个人的价值取向相统一。

6. 企业中每个员工的激情和优点会受到尊重，并充分发挥。

7. 企业当中非常清晰的一点就是企业尊重员工的价值观。

8. 企业欢迎员工的差异性和不同的优点。

9. 领导经常询问，并对员工独特的个性怀有兴趣。

10. 企业不会强迫员工保持一致，充分尊重个人选择。

测试得分：_____

原则五：激活关爱潜能

一个企业能够做大，要看它对员工的关爱程度有多高。正确的企业文化受到关怀、信任和自由的推动。当一个企业有关爱态度时，没有什么是不能完成的。

1. 我的领导的行为让我觉得可以畅所欲言，充分表达自己的观点。

2. 企业流程和系统帮助我认识到可以自由表达自己的观点。

3. 我的领导和我说过的话都是真的。

4. 企业所传达的信息总是对的。

5. 我的领导和企业把我的利益时刻放在心上，不管做什么样的决定。

6. 我的领导懂得聆听我，我也知道他真正地在聆听，因为每一次他都会提出问题，发表意见，或表达合理的担忧。

7. 我的领导及企业随时让我感到备受支持，也帮助我了解如何增加价值，我知道这一点是正确的。因为每次所承诺的都得到了兑现。

8. 企业环境让我可以自由地决策，并照顾客户，用我的方式执行一些好的想法。

9. 每一个企业领导都会知道同情人、关爱人，他们真诚地关爱别人，也真诚地表达他们的关爱。

10. 企业的内部环境让我们安心并得到情感的保护，我完全信任领导对我的想法所做的回应，绝不会置我于难堪、伤害和罪恶当中。

测试得分：_____

原则六：激活自主潜能

员工是否敢放心大胆地去做事情，和他所处的环境有着密切的关系。一个开放自由的文化环境能培养人们对独立、智慧和决策的信心。正是这种自主意识，能快速地推动企业向前发展。

1. 企业中的每个员工都尊重个人界限，也知道什么时候需要界限。

2. 每个企业中的员工都了解并尊重个人价值。

3. 企业中的员工不会积怨，不说闲话，也能原谅别人。

4. 领导尊重员工表达自己观点的权利，也有权反驳不符合事实的评价。

5. 企业里的每个人互相尊重，在整个企业内部这种情绪和行动都表达得非常清楚。

6. 企业环境开放且平等。

7. 当企业环境能够带来创造力时，人们的思想、创意就会源源不断地被激发。

8. 当走进这家企业时，一眼就能看出每个人是否得到平等对待，无论职位如何。

9. 企业鼓励员工行使他们的个人权力。

10. 企业中的每个人都感受到被接受和受到重视。

测试得分：_____

原则七：激活连接潜能

我们都是一个整体，通过能量相互联系。我们感觉到周围发生了什么，结果要么是灵感迸发，要么是能量耗尽。一般而言，高效的企业都有健康的关系网。

1. 每一个企业的人在谈话时都受到尊重，只在确实需要时一边聆听一边使用电话、笔记本电脑和平板电脑。

2. 每个人只要在场都亲自参加会议。

3. 开会的时候，人们专注认真，不会使用笔记本电脑或手机。

4. 企业的领导懂得如何建立真诚的人际关系。

5. 企业的领导真正关心员工。．

6. 企业中的每个员工不会因为他们的差异不受尊重或被歧视，不会有人评头论足。

7. 企业有"以人为本"的政策，贯穿企业的所有领导行为。

8. 企业中的每个员工都应该有自己的人生故事，企业尊重他们的经历，也对这些经历所带来的历练、塑造员工的能力充满感激。

9. 企业从来不作恶，包括歧视、论断或者做任何伤害地球及他人的事。

10. 企业中的每个人在离开单位时，都应该从工作中抽身出来。

测试得分：_____

原则八：激活责任潜能

改善人类的健康和福祉是维护一个将继续推动商业进行的唯一途径。当企业能履行好内外职责时，回报就会源源不断地涌向企业。

1. 企业遵循"我们是一体的，我们彼此连接"的哲学。

2. 领导明白企业存在的意义是什么，它肩负着什么样的使命。

3. 企业内部的领导都是能激励人的，他们知道当大家统一行动的时候会行动得更快。

4. 企业关照所有人的基本需求，包括却不限于医疗保险、薪资公平及机会平等。

5. 员工根据他们的工作职责获得相应的薪资。

6. 企业遵循崇高的道德准则，从来不做恶事，尊重人与地球。

7. 企业通过为员工提供有机食品和新鲜的水，以及鼓励员工散步来帮助员工实现健康。

8. 那些有社会责任计划的企业关爱地球、关爱生命，让参与其中的员工都感到自豪。

9. 企业中的每一个员工都努力工作，但是他们同时充满乐趣，享受大家一起共事。

测试得分：_____

评分

在以下评分表格中，请你为 8 项商业原则中的每一项真实地填写分数。

将打钩的选项乘以 10 以获得百分比。例如，9 个打钩的选项将等于 90%。每一个原则都得到百分比，把所有项的百分数算出平均数（把它们加起来，然后除以 8），以此获得你的能量百分比。

在制订健康能量系统的计划时，你需要根据你看到的最大缺陷来确定工作的优先性。尽管这样，原则一仍然是你考虑的优先事项。无论如何，即使其他原则对你的企业来说似乎更容易实现，如果你的原则一得分低于90%，其他原则将不起作用，你的企业还是会继续注入有毒的能量。所以有效的领导力是第一位的。

原则	测试分数	百分数
原则一		
原则二		
原则三		
原则四		
原则五		
原则六		
原则七		
原则八		
平均得分		

测试结果说明

90%~100%

如果你的企业得分在 90%~100% 之间，说明企业在正轨上，表现不错！你的工作只是保持你已经做得很好的事情。此外，你已经可以给别人当导师。对所有已经获得健康能量的企业来说，帮助那些仍在苦苦挣扎的企业是一项责任。你也可以去积极影响其他企业，你的企业案例可以用来帮助那些问题复杂的企业做出改变。它们会感谢你的努力和你所做出的贡献。

80%~90%

如果你的企业得分为 80%~90%，你的表现还差一点，继续保持那些表现好的部分。这个分数表明你还有提高的地方，你的商业机构中可能有一些地方还不尽如人意。这很正常。在许多企业中，当一个能量生态系统还在建设中时，企业中的一些方面可能会表现好一些，并将在健康能量的道路上向前迈进。企业中的其他职能部门可能在实施实践和流程方面遇到困难，没有完全执行能量原则，或者效果不佳，需要得到更多支持才能扭转局面。你可能让那些已经有良好变化的业务部门与其他较不敏感的部门建立伙伴关系。健康的能量是有感染力的，而额外的能量帮助可能正是企业内其他职能部门需要的。不要灰心丧气，你离胜利只有一步之遥！

70%~80%

如果你的企业得分为 70%~80%，你的企业就会摇摇欲坠，并且有相当多有毒的能量。这是企业开始建设能量生态系统时最典型的起点。如果你和这一类的大多数人一样，领导能力障碍是罪魁祸首。事实上，你可能做了很多正确的事情。本书中提到的一些做法可能代表了你在业务中目前的一些做法，但领导不力掩盖了其他人在业务中所付出巨大努力。在这个分数段中的你可能在企业中传递着让人感觉不同的情绪，有些人可能感觉很棒，而对其他的人而言则是梦魇。除了领导不力之外，确定个人权力和界限也是必须要注意的一点。

< 70%

如果你的企业得分低与70%，那么你的企业是有毒的，它对在其中工作的人会产生负面影响。真相是许多企业都属于这一类。不用过度担心，你的企业可以改变来渡过难关。你需要做的，是把它的有毒的能量转化为健康的、正向的能量，给人以活力，由此可以带来行动，并推高利润。着手进行改变吧！你的首要任务和挑战将是你的领导力是否有效。为了扭转局面，必须采用能量变革。建议你雇佣外部专业人员来帮助完成整个流程。同时也要注意保持那些你已经做得很好的面向，因为这些面向的力量会让你洞察到企业如何利用成功的经验来推进工作。我们的潜能随时都能激发，你只需要锻炼耐心和毅力。祝你好运！

致　谢

　　我的生命中遇到很多人，他们滋养了我的灵魂，教会我人生的重点不是要达到任何目的地，而是到达终点前的旅程。他们提醒我，让我停下来享受过程，因为沿途经历的种种时刻才是真正欢乐及丰富的生活。

　　首先是我的父母。他们的教育理念与传统古板的方式有所不同，我为此心怀感恩。因为他们，我在成长的过程中一直确信，我可以做任何我想做的事，活成我内心所向往的样子。父亲让我知道，我是一只小鸟，生来就拥有自由，注定展翅高飞。他教会我玫瑰之所以美，不在于它花瓣的艳丽，而在于它枝茎上的刺。只要追随自己的热情、忠于自己的内心，生命中所需的一切便会接踵而至。母亲告诉我，凡事总有它的因果。在我受伤心碎的时候，她一直陪伴我左右。通过她与生俱来的温暖，我也认识到了自己的特质。她是那个陪我笑到流泪的人，也是我回家就想见到的人。

　　另两位是对我人生旅程有帮助的家人。一位是我的祖母，一位是我的女儿。去年秋天，祖母去世，享年 96 岁。祖母教会我生命是绝对值得的。生活中总有值得去爱的东西，她教我要去享受生活中的每一段经历，一路向前。女儿加比，她是爱、光明和真实的化身，是她让我从她的笑容、拥抱和鼓舞人心的快乐中看到了生活的纯粹。

　　我还要感谢许多很棒的朋友，他们一直给予我支持。正是这些经历让我可以着手来写这本书。

感谢詹妮弗·霍福斯纳，她帮助我审阅了书稿的每个字，在本书撰写的每个过程中，她都给予我鼓励，她也相信这本书能够到达数百万人的手上。尽管她的生活已经非常繁忙，却乐于担任这本书的审校，她所奉献的智慧、友谊及关爱使本书能够最终出版。

感谢莫林·克莱尔，她告诉我世界上有很多人需要本书所分享的知识，对于有需求的人，本书完美地契合了他们的需要。

感谢约翰·托马斯，他是我的挚友。在我所经历的艰难时光，他都陪伴着我。不管有多困难，他总是愿意帮助我把事情做成。不管世人认为我多荒唐，他从不怀疑我认定的东西。

感谢谢莉·哈维，她帮助我快速地做出开始这个项目的决定，事实证明这也是一段充满愉悦的经验。她是第一个有公司背景的读者，刚读到书稿前面几句话就惊叹："我的天啊！写得太好了，我想读下去。"她的肯定给了我很多信心，让我继续无畏地写作。

在我的学习和商业经历中，总有许多人让我满怀感恩。

感谢路易斯·迈纳，是我研究生阶段的教授和导师，她帮我意识到自己的天赋所在，她认为终有一天，我的天赋会被发掘并呈现给世界。

感谢我研究生阶段的闺蜜们。感谢她们和我在一起的时光，她们总是支持我，让我能够充分地发挥一己所长。

感谢我的朋友詹姆斯·马西森、凯文·卡伦，还有网络医疗的老板帕特里克·梅西，都是毫不质疑并接纳我的第一批客户。他们是商界的楷模，他们的工作正在改变世界。

感谢专业出版社，一家非常有良心的出版社，他们敢于和我签约本书，因为他们理解商业和能量两个领域的交叉已是必然趋势。

最后还要感谢我最好的朋友艾米丽，她是最好的心理咨询师，是她推动我去写这本书，我将永远感激她。我们都把自己的天赋带给了世界，也推动人类向更和平的方向发展。

我还要感谢许多给我的生活带来积极、正面影响的人。我的家人、朋友还有同事们——他们都用美妙的方式感动着我。我从心底里感谢你们每个人。我对你们的感激之情，一本书也写不完。

我爱你们。